Margarete Niggemeyer

Auf den dritten Blick   DER DOM ZU OSNABRÜCK   Kunstwerk des Glaubens

v. Gabi u. Manfred
zu Weihnachten 2001

Margarete Niggemeyer

Auf den dritten Blick

Der Dom zu Osnabrück

Kunstwerk des Glaubens

Dom Bücherstube

ISBN 3-925164-09-X

Fotos: Christian Grovermann/Foto Strenger, Osnabrück
Gestaltung: Frank Sander, Typoplus GmbH, Hannover
Herstellung: Druckhaus Benatzky GmbH, Hannover

Inhalt

Einladung

Zu Beginn dieses Buches möchte ich eine Einladung an alle aussprechen, die den Dom besuchen; gleich, aus welchem Interesse sie kommen: als Touristen, als Kunstinteressierte, als Glaubende, als Suchende oder Fragende, als Angehörige eines anderen Kulturkreises oder einer anderen Religion.

Alle sind in den Dom eingeladen.

Die Wege zum Dom und die Wege im Dom können sich im Besucher zu einem „Gespräch" mit diesem Bauwerk ausfalten. Zunächst wird der Dom als Ganzes wahrgenommen und dann mehr und mehr in seinen Einzelheiten beschrieben.

Auf den ersten Blick zeigt sich der Dom in seiner Größe und Mächtigkeit.
Auf den zweiten Blick läßt er sich aus der Sicht des Historikers oder des Kunstgeschichtlers betrachten. Wird er aber „auf den dritten Blick" mit den Augen des Glaubens angeschaut, läßt er die schöpferischen Kräfte seiner Erbauer durch die Jahrhunderte erahnen. Hier atmet der Glaube von Generationen, die in diesem Haus gebetet, geklagt, Gott gelobt und Gottesdienst gefeiert haben.

Das vorliegende Buch möchte anregen, den Dom in diesen verschiedenen Dimensionen kennenzulernen. Es will zugleich ermutigen, sich auf ein „Gespräch" mit diesem Bauwerk einzulassen.

Dr. Heinrich Heitmeyer

Domdechant

Osnabrück, Pfingsten 1996

Auf einen Blick

Der Besuch des Osnabrücker Domes, zu dem dieses Buch einlädt, wird durch eine *Begegnung mit der Geschichte* vorbereitet. Dabei geht es nicht nur um die äußeren Daten des Dombaus, sondern um innere Zusammenhänge von Architektur und Ausgestaltung des Bauwerkes. Jede Zeit hat mit ihrem religiösen Empfinden und ihrem künstlerischen Ausdrucksvermögen an ihm als „Kunstwerk des Glaubens" gebaut. Diese Erläuterungen dienen der Hinführung zu den folgenden Betrachtungen.

Die erste Begegnung mit dem Dom geschieht durch die Annäherung aus der Ferne. Der Wechsel der *Blickpunkte und Standorte* in der weiteren und näheren Umgebung zeigt, daß bereits die Außenansicht dieses Bauwerk nicht auf einen Blick erfaßt.

Danach werden *Wege und Gänge* beschrieben, die den Zugang zum Dom und die Wege in ihm unterschiedlich erlebbar machen.

Die Schwelle der *Türen und Portale* läßt die Grenze zwischen draußen und drinnen bewußt wahrnehmen.
Die Stadt und der heilige Raum, das Profane und das Sakrale: Orte, an denen Menschen leben oder sich versammeln.

Im Innern des Domes wird auf *Altar und Kreuz* aufmerksam gemacht.
Sie sind seine Mitte, weil sich die Gemeinde um diesen zentralen Ort zum Gottesdienst, zur Liturgie, versammelt.

Zu dieser Feier der Liturgie gehören *Klänge und Gesänge*, die dem Gotteslob festlichen Ausdruck verleihen. Seit Jahrhunderten sind Glocken und Orgel Instrumente, die in den Kirchen erklingen.

An verschiedenen Stellen im Dom sind Figuren und Bilder von Männern und Frauen zu sehen. Sie zeigen Menschen, die als *Zeugen des Glaubens* ihren Weg gegangen sind. Zu ihnen gehören bekannte Heilige, deren Namen überliefert sind, aber auch die unbekannten Menschen, an die niemand denkt.

Sie alle bilden eine große *Weggemeinschaft* mit denen, die heute leben. Seit Generationen ist der Dom das Haus Gottes, in dem gebetet und Gottesdienst gefeiert wird.

Der Weg zum Dom und die einzelnen Stationen in ihm werden durch *Bilder* begleitet, die manchmal ungewohnte und überraschende Blickpunkte festhalten.
Sie sind keine Dokumentation der Architektur; vielmehr wollen sie Atmosphäre und Stimmung einfangen, die zu verschiedenen Zeiten sowie bei der Feier der Liturgie oder in einer stillen Stunde jeweils anders erlebt werden.

Die zugeordneten beschreibenden *Texte* sind Orientierungen und Sehhilfen; die meditierenden Gedanken eröffnen Zugänge in die tiefere Dimension des Glaubens.
Sie sind Ausdruck einer Identifikation mit dem Dom als „Kunstwerk des Glaubens" aus christlichem Verständnis. Ergänzend sind Texte aus der Bibel sowie aus der geistlichen Überlieferung der Kirche und einige Lieder aufgenommen.

Es mag sein, daß an manchen Stellen dieser Zugang zum Verständnis des Domes erschwert wird, je nach persönlichem Standpunkt. Aber gerade hier könnte das „Gespräch" beginnen, zu dem in der Einladung angeregt wird; ein „Gespräch" mit diesem Bauwerk und mit den Menschen, die es als ihr Gotteshaus bezeichnen.

Begegnung mit der Geschichte

Aus Stein erbaut

Mit kraftvoller, elementarer Schwere prägt der spätromanische Dom das Stadtbild Osnabrücks. Ein Blick von den Anhöhen der Stadt macht den baulichen Charakter der einer steinernen Gottesburg gleichenden Kathedrale deutlich. Ihre Mauern sind in einigen Bauteilen beinahe drei Meter stark. Der Südwest-Turm verstärkt durch seine ungewöhnlich massige Form diesen Eindruck. Er stammt aus der Epoche der Gotik, die man als Filigranbaukunst bezeichnet hat. Was waren die Gründe für die Errichtung des Bauwerkes in dieser Form und an dieser Stelle?

Die Missionare Karls des Großen ließen ihre Gotteshäuser im 8. Jahrhundert häufig an heidnischen Kultorten errichten. So wurde die Stärke des neuen Glaubens baulich manifestiert. Dabei spielten Quellen und Brunnen als fontes vitae = Lebensquellen für den christlichen Glauben eine wichtige Rolle, denn sie haben eine enge Beziehung zum Quell der Taufe.

Bauleute aus dem Frankenreich führten die zu der Zeit in hiesiger Region unbekannte Steinbauweise ein. Die heute selbstverständliche Verwendung und Bearbeitung des Naturproduktes *Stein* war ein entscheidender Schritt für die Durchsetzung der neuen Religion des Christentums. Für die erdgebundene, heidnische Religion der Germanen bedeutete die Bearbeitung des Steines, die Fällung eines Baumes oder die pflügende Ritzung der Erde eine Verletzung der in diesen Stoffen hausenden Kräfte, die durch Opfer zu sühnen war. Die Verarbeitung des Steines setzte die Abkehr von diesen chthonischen (= der Erde angehörigen) Bindungen an das Material voraus. Durch die Entleerung des Steines von seinem Dämon konnte er auf etwas anderes hinweisen, was nicht von Stein ist. Er war Baumaterial geworden, das jetzt zur baulichen Darstellung des christlichen Glaubens geeignet war. Hier liegt ein wichtiger Anstoß für die kulturelle Sprengkraft der neuen Religion.

Nur wenig erzählt der heutige Steinbau des Osnabrücker Domes aus seinen ersten Jahrhunderten. Über sein frühes Aussehen können wir nur mutmaßen. Die Zeiten waren von hartem Existenzkampf geprägt. Deshalb war es für jeden besiedelten Flecken Land zunächst erforderlich, Zufluchtsorte und Verteidigungsanlagen zu erstellen. Das Gefühl von Sicherheit hinter steinernen Mauern verband sich mit der Gewißheit, daß an diesem Ort die erfahrbare Wirkmächtigkeit des christlichen Gottes wohnte, die Kraft und Heil verlieh. So suchte man in Zeiten der Bedrängnis Schutz hinter den Mauern der Domburg, die entweder auf einer künstlichen Aufschüttung oder auf einer natürlichen Erhebung stand.

An der Nordseite des Domes ist im unteren Turmmauerwerk eine Fensteröffnung erhalten, die einem Bogenschützen als Schießscharte gedient haben mag. Sie darf als Zeugin der Wehrhaftigkeit des frühen Bauwerks angesehen werden. Zum Teil sind die darüberliegenden, horizontal verlaufenden Baunähte in den Quadern des aufgehenden Mauerwerkes zu erkennen. Sie erzählen von den Umbauten der ersten Jahrhunderte: die Umwandlung des frühen Westwerks zum Westchor mit dem Bau des Westjochgewölbes und die repräsentative Ausgestaltung der romanischen Turmfassade.

Waren es andernorts nur Feldsteine, die vermauert wurden, so sprechen die mit einfachem Werkzeug exakt bearbeiteten romanischen Quader von der sensiblen Fertigkeit der Steinbearbeitung in diesen Jahrhunderten. Geduldig untersuchten die Steinmetze die Gesteinsart, tasteten sie ab, wogen sie, erprobten alle ihre Möglichkeiten, formten sie mit geübter Hand, und so entdeckten sie allmählich ihre Geheimnisse: Dichte, Schwere, Gewicht, Widerstandsfähigkeit und Tragkraft. Nicht ohne Grund wird man den Osningsandstein verwendet haben. Mit Hilfe von genäßten Holzpflöcken, die in Bohrlöcher eingelassen wurden, sprengten die Bauleute den Sandstein aus dem Bruch.

Von Umbrüchen der Zeiten berichten die Baunähte im großen Westturm, wo an den Nahtstellen das jüngere Mauerwerk unfertiger und weniger ausgefeilt erscheint. Wenn Krieg, Krankheit oder anderes Unheil unzählige Menschen, darunter auch die Bauleute, hinweggerafft hatte, gingen viel Wissen und Erfahrung für die nächsten Generationen verloren.

Einfache Formen und Ausstattung

Der Baumeister der Romanik war kein Theoretiker einer Raumidee. Hauptmerkmale seiner Architektur sind: Sparsamkeit der Mittel, Verzicht auf unnötiges Beiwerk,

Sorge um die Sicherheit der Konstruktion. Diese Wesensmerkmale lassen sich auf wenige, sehr einfache Baumethoden zurückführen.

Die Gliederung des Raumes zwischen vier Pfeilern geschieht durch gleich große überwölbte Zonen (Joche), die wie Bauklötze zusammengesetzt und angeordnet sind. Schon ein einziges Joch repräsentiert so die gesamte Raumgestaltung. Die Aneinanderreihung der Joche führt zur rhythmischen Gliederung des Kirchenraumes. Sie ist das Kennzeichen des romanischen Baustils und vermittelt den ruhigen Gleichklang der Architektur. Diesem inneren Rhythmus der Bauelemente - Pfeiler mit Zwillingsbögen, Arkaden, Fenster - entspricht die äußere Gliederung durch Strebepfeiler, Öffnungen, verbindende Blendarkaden und Rundbogenfries.

Für das architektonische Skelett des Domes werden einfachste Linien und Formen verwendet: Gerade, Kreuz, Halbkreis und Kreis. Die mit ihrer Hilfe geschaffenen Flächen und der Raum insgesamt wirken dadurch nüchtern, kraftvoll, beinahe archaisch. Langhaus, Querschiff und Chor bilden im Grundriß ein liegendes Kreuz.

Bei der Zusammenfügung der einzelnen baulichen Elemente kommen verschiedene Variationen ins Spiel. Im Osnabrücker Dom ist es das tiefe Hinunterziehen der Gewölbezwickel, durch das eine baldachinähnliche Gewölbeform entsteht. Die ungelenken, wenig ausgereiften Versuche dieser Neuerung des Kuppelgewölbes sind an einigen Wölbansätzen zu erkennen. In der Vierung bewies man den Mut, nachträglich unter den Lasten des Turmes ein Gewölbe einzubauen. Mit der Entstehung des gewölbten Innenraumes im 13. Jahrhundert wurde vor dem Vierungsgewölbe das Triumphkreuz aufgehängt, Hinweis auf den, dem einzig Triumph gebührt: eine Abänderung der römischen Idee des Triumphbogens.

Die einzelnen Raumzonen werden durch Gewölbe überspannt. Sie sind wie der Himmel, der sich über dem geheiligten Ort des Gotteshauses wölbt. „Ich sah die heilige Stadt, das neue Jerusalem, von Gott her aus dem Himmel herabkommen" (Offb 21,2). Hier soll der Mensch schon das empfinden können, was im Himmel auf ihn wartet. Kaum wahrnehmbar für den Betrachter sind die gewaltigen Lasten der steinernen Baldachine, die in der Hauptachse nach Osten in den Gurtbögen einen Kraftschluß bilden und gen Norden und Süden durch die starken Wände gestützt sind.

Die Erbauer des Domes planten keine bewundernswerte majestätische Raumwirkung, wie sie häufig von Forschermeinung hineininterpretiert wird. Ihre Baukunst sollte ein Abbild des Himmels sein, in der sich die räumlichen Gesetzmäßigkeiten aus einer heiligen Ordnung ergeben. Dieser waren Form und Inhalt ihrer Kunst untergeordnet. Deshalb sind romanische Dome keine Räume, die ein Betrachter bestaunen soll, sondern der Mensch soll in ihnen mit all seinen Sinnen von der Heiligkeit des Ortes erfaßt werden, damit er bereit sei für die Wahrnehmung der göttlichen Wirkmächtigkeit an diesem Ort.

Die Nüchternheit des romanischen Baus bietet wenig Raum für die Ausgestaltung bildhauerischer Kunst. Im *Kapitell*, der Gelenkstelle zwischen tragender Säule und stützendem Bogen, zeigt sich in immer wieder variierenden Darstellungen der Kampf zwischen den Mächten der Finsternis und des Lichtes. Bisweilen tritt dem Betrachter eine merkwürdige Welt der entfesselten Mächte und zügellosen Phantasie entgegen, die von menschlichen Ängsten und Abgründen erzählen. Sie steht im eigenartigen Gegensatz zu der archaischen Strenge des Raumes und offenbart den Seelenzustand der Menschen dieser Zeit. In den Kapitellen zeigte sich das Ringen von Himmel und Hölle um die menschliche Seele. Nur im Hause Gottes hatte dieser Kampf seinen Raum und durfte in Bildern anschaulich werden. Aber sie wurden an die Stellen gebannt, wo das Kapitell in die Gliederung der tragenden Teile der Baukonstruktion eingebunden ist: Abbild des geistigen Tempels aus Menschen: „Wißt ihr nicht, daß ihr Gottes Tempel seid und der Geist Gottes in euch wohnt?" (1 Kor 3,16).

In der Sakristei des Domes ist nur noch eines der ursprünglich im gesamten Langhaus vorhandenen Kapitelle erhalten und erzählt von der Kapitellkunst der Bildhauer des 13. Jahrhunderts. Die anderen Kapitelle mußten im 18. Jahrhundert der Barockisierung des Domes weichen. Die Wiederaufnahme der Bildthemen in den neuromanischen Austattungsteilen des Domes zeugen von dem Versuch des restaurierenden 19. Jahrhunderts, diese Inhalte erneut aufzunehmen und zu rekonstruieren.

In vielen Zeugnissen spiegelt sich im Dom die Verehrung der Heiligen. Sie wurden um ihre Fürbitte und Segenskraft angerufen, die sie vom Himmel aus dem Menschen zuwenden sollten. In ihren irdischen Überresten glaubte man diese besondere Kraft gegenwärtig. Hier liegt der Ursprung des *Reliquien*-Kultes. Die Menschen des Mittelalters wollten möglichst viel von dieser Kraft in sich aufnehmen. Bei der Verehrung der Heiligen ging es ihnen deshalb nicht zuerst um die Erinnerung an ihr Leben, vielmehr wollte man in der Nähe ihrer leiblichen Überreste ihre Heilkraft in sich aufsaugen.

Ursprünglich bezeichnet das Wort „Schatz" die Reliquien der Heiligen, die im Dom verehrt wurden. Erst später belegte man mit dem Wort Dom-Schatz die kunstvoll aus edlen Materialien gearbeiteten Schreine und Aufbewahrungsgefäße. Ähnlich wie der Halberstädter Bischof Hildward um 980 glücklich war, „seine Kirche mit einem über Gold und Edelsteine erhabenen Schatz zu zieren", war man auch im Osnabrücker Dom bemüht, Reliquien-Schätze zu häufen. Manche Baudaten zum Osnabrücker Dom sind überliefert, weil der Zeitpunkt von Reliquien-Überführungen festgehalten wurde.

Die Osnabrücker Reliquien-Schreine werden an den Hochfesten des Kirchenjahres im Mittelteil des Altarretabels gezeigt. Der alte Hymnus, der bei der Überführung der Reliquien gesungen wurde und der unter den Schreinen angebracht ist, weist auf ihre Bedeutung hin: „Erhebt Euch, Ihr Heiligen Gottes von Euren Wohnungen, heiligt die Orte, segnet das Volk und bewacht in Frieden uns sündige Menschen."

Ein heiliger Ort

Der Apostel Paulus spricht in seinen Briefen von der Kirche als dem Tempel des Herrn. Er ist damit zum geistigen Archtekten des mittelalterlichen Kirchbaus geworden. „Ihr seid auf das Fundament der Apostel und Propheten gebaut; der Schlußstein ist Christus Jesus selbst. Durch ihn wird der ganze Bau zusammengehalten und wächst zu einem heiligen Tempel im Herrn. Durch ihn werdet auch ihr im Geist zu einer Wohnung Gottes erbaut" (Eph 2,20-22).

Hier liegt der Wesenskern der Vorstellung, die zum Bau einer mittelalterlichen Kathedrale veranlaßte und ihn zugleich charakterisiert. Der christliche Kultbau ist kein Selbstzweck, sondern er dient in allen Wesensmerkmalen der Läuterung des Menschen auf dem Weg zu seinem Gott.

Diese sich am Bauwerk materialisierende Vorstellung führt zu Grundregeln und Maßen für den Bau, die der Bibel (vgl. Weish 11,20b) entlehnt sind und für die auch die Einladung des geschichtsschreibenden Abtes Suger († 1151) von St. Denis gilt. Am Tor seiner Abtei ließ er folgende Inschrift anbringen: „Wer du immer verlangst, die Pracht der Tore zu rühmen, nicht bewundere das Gold und den Aufwand, sondern die Arbeit. Herrlich glänzet das Werk, doch das Werk, das herrlich erglänzet, möge erhellen die Geister, damit sie wahrhaft erleuchtet, kommen zum wahren Licht, wo Christus in Wahrheit die Tür ist ... . Durch die Materie schwingt sich der Geist, der schwache, zur Wahrheit und entwindet dem Irdischen sich, umstrahlt von dem Licht."

Blickpunkte und Standorte

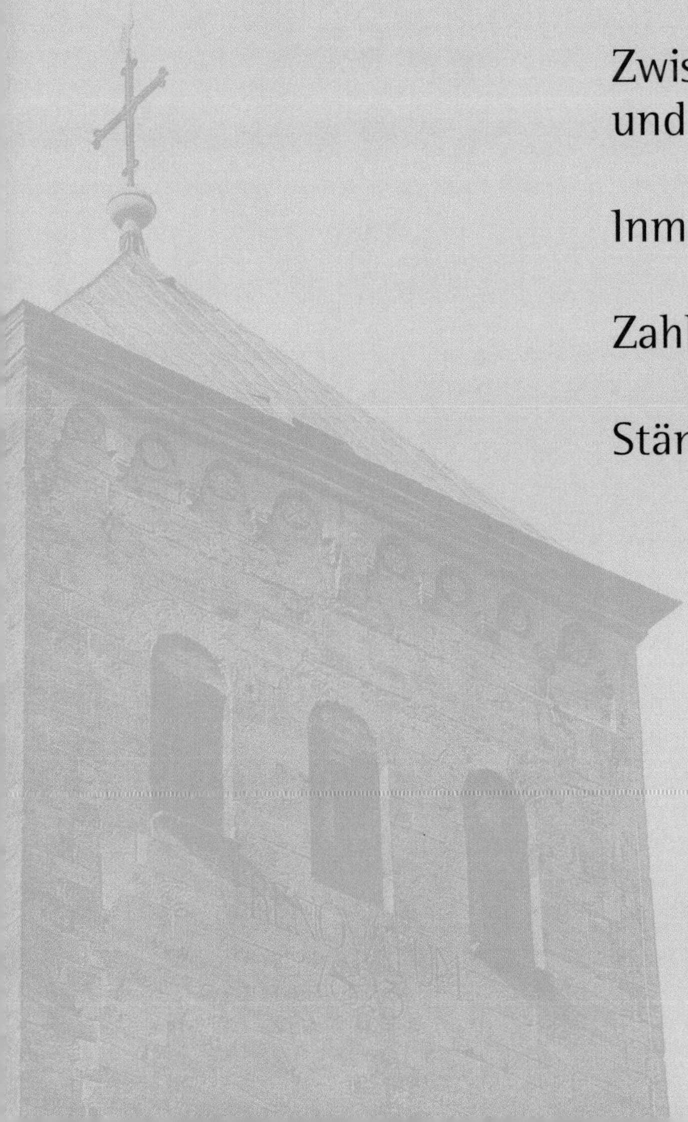

Zwischen Himmel und Erde

Inmitten der Stadt

Zahlenspiel

Ständige Erneuerung

Von verschiedenen Blickpunkten und Standorten aus geschieht eine erste Annäherung an den Dom.
Im Spiel der wechselnden Perspektiven wird er lebendig.

Ein Blickpunkt allein genügt nicht. Wir entdecken, daß der Dom mehr ist als ein Bau von gemauerten Steinen.

Er liegt inmitten der Stadt, aber er läßt sich nicht in die Reihen der Wohn- und Geschäftshäuser einfügen.
Er ist das Haus Gottes, das zu Gebet und Gottesdienst einlädt.

Dom
Bücherstube
Kleine Domsfreiheit

Zwischen Himmel und Erde

Wer sich auf dem Weg zum Osnabrücker Dom an seinen Türmen orientieren will, braucht Geduld, bis sie sichtbar werden.

Erst in unmittelbarer Nähe tauchen sie über den Dächern auf, bis schließlich das ganze Bauwerk im Blick liegt.

Kleine Domsfreiheit

Blick auf den Dom vom Iduna-Hochhaus

Das Zusammenspiel der drei Türme ändert sich je nach Standort. Vom Haseufer aus gesehen stehen sie einträchtig nebeneinander und spiegeln sich im Fluß, leicht verzerrt oder klar, je nach Strömung.

Türme, die zum Himmel ragen; Türme, die im Spiegelbild des Wassers in den Grund der Erde weisen: So spannt sich der Glaube zwischen Himmel und Erde. Manchmal ist er unerschütterlich wie die zum Himmel aufragenden Türme. Dann wieder wirkt sein irdisches Gewand verschwommen, weil unser Leben ihn nicht klar widerspiegelt. Nahsicht und Fernsicht das Domes, sie können ein Bild für unsere Wahrnehmung der Kirche sein. Eine Perspektive allein verstellt ihr Antlitz. Deshalb tut es gut, sie immer neu von allen Seiten zu betrachten. Dann erst entdecken wir ihre wahre Schönheit.

Westtürme

Spiegelbild der drei Domtürme in der Hase

Inmitten der Stadt

Wer von bestimmten Standorten aus die Domtürme betrachtet, sieht sie eingezwängt zwischen die Dächer der umliegenden Häuser, eingefügt in die Wohnungen der Menschen, die hier leben.

Wie der Dom inmitten der Stadt liegt, so lebt auch die Kirche als Gemeinschaft der Glaubenden dort, wo Menschen zu Hause sind, wo sie arbeiten und feiern, sich freuen und leiden, wachen und schlafen. Ohne viele Worte im Alltag der Menschen präsent sein: Das ist der Dienst des Glaubens in der Welt.

Freude und Hoffnung, Trauer und Angst der Menschen heute, besonders der Armen und Bedrängten aller Art, sind auch Freude und Hoffnung, Trauer und Angst der Jünger Christi. Und es gibt nichts wahrhaft Menschliches, das nicht in ihrem Herzen Widerhall fände.

II. Vatikanisches Konzil 1962-1965

Der Blick von oben auf den Vierungsturm zeigt ihn deutlich als architektonische Mitte von Langhaus und Querschiff. Dieser Kreuzungspunkt ist jedoch mehr als der Schnittpunkt zweier Bauglieder. Hier ist das Zentrum des Domes, denn unterhalb des Vierungsturmes steht der Altar.

Dieser Altar ist die Mitte für alle, die sich im Dom zum Gebet und zur Feier der Liturgie versammeln; Quelle, aus der sie leben. Wenn sie den Dom wieder verlassen und ihren Weg im Getriebe der Stadt gehen, machen sie „en passant“ den Glauben präsent, ohne sich aufzudrängen: Kirche aus „lebendigen Steinen“ (vgl. 1 Petr 2,5) inmitten der Stadt.

Große Domsfreiheit

Zahlenspiel

In Bauart und Grundriß der Türme verbirgt sich ein Zahlenspiel. Das Quadrat mit seiner Vierzahl bedeutet die vier Windrichtungen. Dieser Grundriß verleiht den Westtürmen Festigkeit und sichert ihr Fundament.

Durch Einfügen von Kreuzlinien entsteht aus dem Quadrat das Achteck. In der Symbolik der Zahlen wird die Acht dem Himmel zugeordnet, und deshalb deuten die durchkreuzten Windrichtungen der Erde auf den Himmel.

In diese Dimension weist der achteckige Vierungsturm. Die Schallöffnungen nehmen dem Zentralturm des Domes die Schwere. Dadurch wirkt diese Turmanlage nicht so wuchtig wie die beiden Westtürme, die aus einem massiven Mauerblock emporwachsen.

„Auf den dritten Blick“ ist am Dom mehr erkennbar als nur gemauerte Steine! Er ist mehr als ummauerte Kubikmeter, denn der Glaube erbaut den Dom; bis in die Steine hinein ist er sichtbar.
In den Zahlen von Quadrat und Achteck ist eine Botschaft verschlüsselt, die die Kirche in der Welt bezeugen muß. Der achte Tag der jüdischen Wochenrechnung ist für die Christen der erste Wochentag (vgl. Lk 2,21; 24,1). Er ist der Tag der Auferstehung Jesu Christi von den Toten. Zugleich erinnert er an den ersten Schöpfungstag der Welt, der in der Neuschöpfung am Ostermorgen vollendet wird. Ein Kirchenvater sagt: „Groß ist das Mysterium dieses achten Tages, der doch nicht aufhört, der erste zu sein“ (Justin † 165).
Mit diesem ersten Wochentag beginnt eine Zeit ohne Vergänglichkeit, ein Leben ohne Tod. Irdisches vollendet sich im Himmlischen.

Ständige Erneuerung

Bei hellem Sonnenlicht leuchten an den Westtürmen Inschriften auf, die selten wahrgenommen werden. Unsere Vorfahren haben hier mit Jahreszahlen festgehalten, wann die Türme renoviert wurden: Renovatum 1769 und 1823.

Im Westwerk sind verschiedene Mauerzonen erkennbar. Im Nordturm gehen helle, poröse Quader in dunklere Steine über und diese wiederum in eine hellere Schicht.

Am Südturm stoßen in einer Baunaht unterschiedlich bearbeitete Steine aufeinander. Auch an einigen Stellen im Inneren des Domes sind Übergänge zwischen verschiedenen Baustilen sichtbar.

Im Nordquerhaus z.B. weicht das Gewölbe von der Bogenführung der Vierung ab.

Die Geschichte des Domes berichtet von mehreren Phasen der Erneuerung und des Wiederaufbaus nach Brandkatastrophen oder Kriegseinwirkungen. Aber auch neue Erfahrungen mit Glaube und Kirche haben zu Umgestaltungen geführt.

Die Kirche bedarf stets der Erneuerung. Dann wird sie weiterleben und -wirken, in Generationen und Jahrhunderte hinein. Die äußere Domerneuerung muß sich in der inneren Reform der Kirche und ihrer einzelnen Glieder vollenden, sonst wird der Dom zu einem Museum, und seine Steine bleiben stumm.

Die am Dom wahrgenommene Ungleichzeitigkeit von Baustil und Mauerwerk läßt auf Übergänge und neue Erfahrungen im Glauben und im Verständnis von Kirche in der jeweiligen Zeit schließen. Bis heute gibt es diese Ungleichzeitigkeit in der Kirche: Vorwärtsstrebende Kräfte und beharrende Tendenzen stehen zueinander in Spannung.

Wege
und Gänge

Weg der Hoffnung

Wachsende Kraft

Felsengräber

Österliche Botschaft

Licht-Zeichen

Verschieden sind die Wege, die in den Dom führen.

Auf dem stillen Weg durch den Kreuzgang fällt unser Blick im Vorbeigehen auf die Gräber des Domherrenfriedhofs.
Treten wir durch das Westportal oder durch die Portale an der Nordseite ein, stehen wir unmittelbar im Haupt- oder Seitenschiff des Domes.

Wer aufmerksam geht und schaut, entdeckt auf diesen Wegen und Gängen Botschaften von Leben und Auferstehung.

Weg der Hoffnung

Mehrere Wege führen zum Dom und in den Dom hinein. Einer von ihnen geht durch den Kreuzgang. Er hat seinen Namen von dem Kreuz, das bei Prozessionen durch diesen Gang mitgetragen wird. Er ist ein gedeckter Hallengang mit offenen Bögen, der einen Garten umschließt. Seit langem dient er als Domherrenfriedhof.

Eigentlich sind Kreuzgänge die Mitte von Klosteranlagen, aber sie gehören auch zu romanischen Domen, zu denen die Osnabrücker Bischofskirche in ihrer frühen Bauphase zählt.

Das erinnert an jene Zeit, in der das Domkapitel* wie eine klosterähnliche Bruderschaft zusammenlebte.
Von diesem Ort der Stille und Sammlung zogen die Domherren zum gemeinsamen Gottesdienst in den Dom.

Auch heute noch zieht an Hochfesten eine Prozession zum Beginn der Liturgie durch den Kreuzgang, bei der zu besonderen Anlässen das kostbare Kapitelskreuz mitgetragen wird.

Domherrenfriedhof

Wer den Kreuzgang durchschreitet und dabei den Blick auf die Gräber richtet, erkennt Inschriften und Symbole der Hoffnung auf Auferstehung. Jene, die uns im Tod vorausgegangen sind, haben aus dieser Hoffnung gelebt und im Dom ihren Glauben an die Auferstehung gefeiert. Das ist ihre Botschaft: Christen sind mit einer Hoffnung unterwegs!

Auf besonders eindrucksvolle Weise bezeugt das kostbare Kapitelskreuz diesen Glauben. Lichthaltige Edelsteine, Gemmen und Kameen sind in kunstvolles Filigran eingefaßt: Steine, die nach dem Wort der Schrift das himmlische Jerusalem schmücken (vgl. Offb 21,15-21). Alles wird überstrahlt vom Glanz des Goldes, dem Zeichen für den Sieg des auferstandenen Christus über den Tod.

**Der Name Domkapitel ist vom Wort Kapitel abgeleitet, das einen Abschnitt der Ordensregel bezeichnet, der in Mönchsgemeinschaften täglich vorgelesen wurde. Später ging dieser Ausdruck auf die Mönchsversammlung selbst über. Zur Zeit, als die Geistlichen an einer Domkirche in Gemeinschaften zusammenlebten, wurde auch auf sie die Bezeichnung Kapitel übertragen. Die Geistlichen bildeten das Domkapitel, dem sie als Domherren angehörten. Wenn sie in einer Prozession in den Dom einzogen, wurde das Kapitelskreuz vorangetragen.*

Kreuzgang: Blick in den Südflügel
Kapitelskreuz
Vortragekreuz, Holzkern, Gold und vergoldetes Silber, rheinisch, Mitte 11. Jahrhundert

Wachsende Kraft

Der westliche und östliche Flügel des Kreuzgangs führen durch romanische Portale in den Dom. Beim ersten Innehalten im Seitenschiff mit dem Blick nach Osten schauen wir durch eine Gittertür in den Chorumgang.

Ein paar Schritte weiter zur Mitte stehen wir im Hauptgang, der unseren Blick zu den Stufen lenkt, die zum Altar in der Vierung und zum Hochaltar führen.

Haupt- und Seitenwege: Das gibt es auch auf dem Weg des Glaubens.

An Wegkreuzungen vergewissern wir uns neu der Richtung, die wir einschlagen sollen. Das Wort aus dem Wallfahrtspsalm: „Sie schreiten dahin mit wachsender Kraft, dann schauen sie Gott auf dem Zion“ (Ps 84,8), gilt nicht nur den Pilgern, die zum Tempel in Jerusalem ziehen.

Je länger wir glaubend unterwegs sind, dürfen auch wir vertrauen: Wir schreiten dahin mit wachsender Kraft.

Blick in den Dom durch das romanische Portal am Ende des westlichen Flügels vom Kreuzgang

Hauptschiff mit Blick auf den Hochaltar

Es ist interessant, beim Gehen auf den Haupt- und Seitenwegen des Domes den Blick in die Gewölbe zu richten oder den aufstrebenden Pfeilern mit dem Auge zu folgen und die Schlußsteine wahrzunehmen. Auf einmal kommt Bewegung in die steinerne Architektur.

Waagerechte und Senkrechte, Diagonale und zusammenbindende Schlußsteine: Dynamik der Bauformen, die den Stein lebendig macht!

Ist nicht auch die Kirche Bewegung und in Bewegung? An uns ist es, sie lebendig zu halten; Spannungen und widerstrebende Kräfte nicht gegeneinander auszuspielen, sondern sie in der vom Geist Gottes inspirierten Architektur der Kirche zur Einheit zusammenzuführen.

Nördliches Seitenschiff mit Blick in den Chorumgang auf den Kalvarienberg

Felsengräber

Der Chorumgang führt in den stillen Bereich des Domes mit Marienkapelle und Kreuzkapelle. Am Ende der Längsachse des Hauptschiffes befindet sich im Boden der Marienkapelle der Eingang zur Bischofsgruft: ein „Friedhof" für die Bischöfe.

Die Zahl der Jahre ihres bischöflichen Dienstes bemißt Gott allein: einundvierzig Jahre (Erzbischof Berning 1914 - 1955) oder einen Tag (Bischof Demann 27. 3. 1957 geweiht und gestorben), das steht in seinem Ratschluß.

Marienkapelle

Gedenktafel für Bischof Berning in der Marienkapelle

Gedenktafel für Bischof Demann im Pflaster vor dem Westportal

Nicht nur die Fundamente des Domes bergen Gräber, auch im Fundament der Kirche ist ein Grab verborgen, das Felsengrab Jesu im Ostergarten: „Dann legte er (Josef von Arimathäa) ihn in ein neues Grab, das er für sich selbst in einen Felsen hatte hauen lassen. Er wälzte einen großen Stein vor den Eingang des Grabes und ging weg" (Mt 27,60 - 61). Durch die Auferstehung Jesu von den Toten gehört dieses Felsengrab zum Fundament der Kirche.

Ein Stollengang unter dem Hochaltar führt zu Gräbern, die in Felsgestein gehauen sind. In ihnen wurden vor achthundert Jahren die Bischöfe begraben.

Zwei kleine Silberkelche und eine Patene sind als Grabbeigaben erhalten.

Herr Jesus Christus,
du stiegst hinab in die Tiefen der Erde,
zermalmtest die Ketten der Toten
und standest auf aus dem Grab.
Durch dich feiern wir
die Tötung des Todes,
die Vernichtung des Bösen,
den Anbruch des ewigen Lebens.
Nun ist alles voller Licht.
Darum jubelt die ganze Schöpfung
über deine Auferstehung.
Laß uns durchstrahlt werden
von dieser Freude
und gemeinsam rufen:
Christus ist wahrhaft auferstanden!

Johannes von Damaskus † 750

Der Weg durch die Seitenschiffe führt an vierzehn Reliefs vorbei, die in die Pfeiler eingelassen sind.
In diesen Bildern wird der Leidensweg Jesu nachgebildet, den er in Jerusalem bis zu seiner Hinrichtung auf Golgotha gegangen ist.
Um etwa 1700 entstand der Brauch, im Kircheninnern in Bildern diesen Weg anschaulich vor Augen zu haben und Jesus im Betrachten des „Kreuzweges" betend zu begleiten.

12. Kreuzwegstation im vorletzten Pfeiler des nördlichen Seitenschiffes, E. Hillebrand / T. Heiermann, 1988

Die zwölfte Station im nördlichen Seitenschiff ist besonders eindrucksvoll. Sie greift ein Bibelwort auf, das die Ereignisse beim Tode Jesu schildert.

Da zerriß der Vorhang im Tempel
von oben bis unten entzwei.
Die Erde bebte,
und die Felsen spalteten sich.
Die Gräber öffneten sich,
und die Leiber vieler Heiliger,
die entschlafen waren,
wurden aufgeweckt.
Mt 27,51-52

In dieser Todesszene kündigt sich schon Auferstehung an!

Die schweren Holzbalken des Kreuzes sind wie von einer auf sie einwirkenden elementaren Macht gekrümmt.

Sie drücken mit ihrer Biegung in den zerrissenen Vorhang des Tempels hinein, um hier der gesammelten Erwartung und Sehnsucht der Jahrhunderte des Alten Bundes zu begegnen.

Das Kreuz drückt sich auch mit seiner gebogenen Wucht in die Erde.
Sie öffnet sich, und der in ihr eingeschlossene Tod wird aus hilfloser Isolierung aufgebrochen.

Adam erhebt sich. In ihm streckt die ganze Menschheit ihre Hand aus, um vom Kreuz her Leben zu empfangen.

An diesem Kreuz hängt Christus, der unter dem Kreuzesbalken hindurch Adam anschaut, durch ihn hindurch und über ihn hinweg die Menschheit, uns alle!

Heinrich Heitmeyer

Laufgang im Hochchor nach Süden

Österliche Botschaft

Eine Besonderheit im Dom ist der Laufgang in der Fensterzone des Hochchores. Dieser Gang ist in die Laibung eingeschnitten, deren vordere Wandschicht schmale Bündelpfeiler stützen. Die aufgelöste Wand ist so der Schwere enthoben. Die drei eingefügten Fenster lassen in diesen Emporenbereich eine größere Lichtfülle strömen als in die Erdgeschosse. Durch die Ostung des Domes liegt der Hochchor in Richtung der aufgehenden Sonne. Früher standen vor den Pfeilern Apostelfiguren, die jetzt im Langhaus ihren Platz haben. Deshalb wird dieser Laufgang auch Apostelgang genannt.

In der Ostung des Domes liegt eine Symbolik, die auf Jesus Christus hinweist. Sein Zeichen ist die aufgehende Sonne. Sie überwindet die Dunkelheit der Nacht, und deshalb wird sie zum Bild für den auferstandenen Christus, die wahre Sonne. In Liedern und Gebeten der Kirche kehrt die Gleichung Christus = Sonne häufig wieder, wie z.B. in einem Hymnus des Bischofs Ambrosius († 397):

Du Abglanz von der Vaters Pracht,
du bringst aus Licht das Licht hervor,
du Licht vom Licht, des Lichtes Quell,
du Tag, der unsern Tag erhellt.

Du wahre Sonne, brich herein,
du Sonne, die nicht untergeht,
und mit des Geistes lichtem Strahl
dring tief in unsrer Sinne Grund.

Das Morgenrot steigt höher schon,
wie Morgenrot geh ER uns auf:
in seinem Vater ganz der Sohn
und ganz der Vater in dem Wort.

Amen.

Blick in das Gewölbe des Hochchores

Lichteinfall im Gewölbe des Hauptschiffes

Licht-Zeichen

Zu den verschiedenen Tages- und Jahreszeiten spielt das Licht im Dom.

Manchmal wird vor allem der obere Bereich erhellt, so daß die Seitenschiffe und der Raum unter dem Turm dunkler und verhaltener wirken. Dann wiederum gibt es Zeiten, in denen der Dom wie in Licht getaucht ist.

Lichterfahrungen im Glauben und in der Kirche sind nicht alltäglich. Manche Wegstrecken hellen sich nicht auf. Andere liegen klar und ohne Schatten vor uns. Wie in der Wüste Sonne, Mond oder Sterne zu Wegweisern werden, so ist es auch im Glauben. Ein Blick nach oben kann Gewißheit schenken, daß die Orientierung aus der Höhe kommt.

Orientierung, Orient, Oriens (= Morgenstern): Das ist mehr als ein Spiel mit Worten. Nach dem Zeugnis der Schrift ist Jesus Christus der wahre Morgenstern, der im Orient (Osten) aufgeht und unsere Finsternis erleuchtet.

> Ich, Jesus, habe meinen Engel gesandt als Zeugen für das, was die Gemeinden betrifft.
> Ich bin die Wurzel und der Stamm Davids, der strahlende Morgenstern.
> *Offb 22,16*

Im Advent wird ein Liedruf gesungen mit der Bitte um das Kommen des Morgensterns:

O Oriens, splendor et sol iustitiae:
veni, et illumina
sedentes in tenebris et
umbra mortis.

O Morgenstern,
Glanz des unversehrten Lichtes,
der Gerechtigkeit strahlende Sonne:
o komm und erleuchte,
die da sitzen in Finsternis
und im Schatten des Todes!

Lichteinfall im südlichen Seitenschiff

Türen und Portale

Festliche Einladung

Schritt für Schritt

Unbehauene und behauene Steine

Ein offenes Haus

Quelle des Lebens

Perspektiven

Türen und Portale laden in den Dom ein.

Geöffnete oder verschlossene, geschmückte oder schlichte Portale, sie sind ein Bild für die Kirche, die wir unterschiedlich erleben: als offenes Haus, als einladende Gemeinde oder als Gemeinschaft, in die von außen Kommende nur mühsam hineinfinden.

Es bedarf des geduldigen Einübens in den „dritten Blick" auf die Kirche. Dieses Schauen läßt uns etwas von ihrem Geheimnis erahnen.

Westeingang mit gotischem Portal

Festliche Einladung

Die meisten Besucher betreten den Dom durch das Hauptportal zwischen den Westtürmen. Es lädt ein, im Vorbeigehen das geschäftige Treiben des Marktes und der Stadt hinter sich zu lassen und einzutreten.

Die aufstrebenden Linien des gotischen Türrahmens lenken den Blick auf die Fensterrose, die das massive Mauerwerk aufbricht.

Wer hier eintritt, geht durch eine kleine Vorhalle. An der rechten Wandarkade sind kleine Säulen, deren geschmückte Kapitelle oft übersehen werden: der Baum mit Frucht, der Vogel und fratzenähnliche Gesichter.

Dieses Portal ist wie eine festliche Einladung in den Dom. Die Vorhalle ist ein Raum des Innehaltens und der Besinnung, damit Hektik und Lärm draußen bleiben.

Säule an der rechten Wandarkade in der Vorhalle des Westportals mit Baumkapitell

Die Pforte steht zwischen dem Draußen und dem Drinnen;
zwischen Markt und Heiligtum;
zwischen dem, was aller Welt gehört,
und dem Geweihten Gottes.
Und wenn einer durch sie schreitet,
dann spricht sie zu ihm:
Laß draußen, was nicht herein gehört,
Gedanken, Wünsche, Sorgen, Neugierde und Eitelkeit.
Alles, was nicht geweiht ist, laß draußen.
Mach Dich rein, Du trittst ins Heiligtum.

O, wir sollten nicht eilfertig durch die Pforte laufen!
Ganz langsam sollten wir hindurch schreiten
und unser Herz auftun, damit es vernehme, was sie spricht.
Wir sollten sogar vorher ein wenig innehalten,
damit unser Durchgang ein Schritt der Läuterung und Sammlung sei.

Romano Guardini

Brautportal
an der Nordseite

Schritt für Schritt

Wie anders dagegen wirkt das romanische Portal mit seinen nach innen gestuften Säulen an der Nordseite des Domes. Es ist das alte Hauptportal, das auch Brautportal genannt wird. Diese Bezeichnung erinnert an den Brauch, daß vom 11. bis zum 16. Jahrhundert der Priester vor diesem Portal den Ehewillen der Brautleute erfragte und den Ringwechsel vollzog. Danach wurden sie zur Brautmesse in die Kirche geleitet.

Hinter diesem Portal ist keine Vorhalle. Wer eintritt, ist gleich im Dom.

Gewände vom Brautportal

Schließlich führt ein stiller Weg in den Dom durch den Kreuzgang. Am Ende des östlichen und westlichen Flügels befinden sich romanische Portale. Nicht alle nehmen gleich diese Zugänge wahr.

Es gibt verschiedene Weisen, sich in den Glauben und in die Kirche hineinzutasten: einfach eintreten wie beim Brautportal; gehen, Schritt für Schritt schauen, innehalten und verweilen.

Der Weg durch den Kreuzgang ist ein Bild dafür, daß es auch den weiten Weg zur Kirche gibt. Der Zugang zu ihr muß gesucht werden. Im Vorbeigehen allein gelingt selten eine Beziehung. Die einladende Tür wird manchmal erst nach einer langen Zeit des Suchens und Fragens entdeckt.

Westflügel des Kreuzganges mit romanischem Portal

Nordportal mit „Hexengang"

Unbehauene und behauene Steine

Durch das Portal an der Nordseite des Querhauses betreten nur wenige Menschen den Dom. Es liegt versteckt am „Hexengang".

Dieses Portal ist in ein Mauerwerk aus unbehauenen Steinen eingelassen. Sie werden durch dünne und dickere Schichten von Mörtel aufeinandergefügt.

Hier ist nicht die Schlagseite des Domes, und deshalb konnte auf eine genaue Bearbeitung und Verfugung der Steine verzichtet werden.

Andere Teile im Mauerwerk des Domes bestehen aus behauenen Steinen, die exakt aufgemauert sind.

Die unbehauenen Steine sind wie „Originale", die in ihrer „Eigenart" belassen wurden. Das macht den Bau interessant.

Braucht nicht auch die Kirche „Originale", die ihr Gesicht lebendig und interessant machen? Diese „Originale" sind keine gestaltlose Menschenmenge. Der nach Maß und Ordnung gegliederte Dom ist ein Bild dafür, daß alle mit ihrer Individualität in einen lebendigen Organismus eingefügt sind. Jedes einzelne Glied und jede Gemeinde sind in das Ganze eingebunden.

Ein offenes Haus

Die Türklopfer am Westportal in Form von Löwenköpfen werden leicht übersehen. Löwen gelten als vorzügliche Wächter, und deshalb schmückt ihr Bild häufig die Eingänge von Heiligtümern und Kirchen.

Heute bedient sich kaum jemand dieser Türklopfer, denn die Portale des Domes sind meist geöffnet.

Die Kirche mit offenen Türen und als offenes Haus: Das macht sie einladend für die Menschen. Vielleicht ermutigt ihre Gastfreundschaft, sie nicht nur von außen wahrzunehmen, sondern einzutreten, um sie „von innen" kennenzulernen.

Quelle des Lebens

An den Eingängen des Domes befinden sich Weihwasserbecken. Sie erinnern an die Taufe, für deren Spendung im Turmbereich eine Kapelle eingerichtet wurde. Diese ist zugleich der Aufbewahrungsort der Osterkerze. In der Mitte steht die Tauffünte, ein Bronzekessel aus der Zeit um 1220.

Das umgangssprachliche Wort„Fünte" ist mit dem lateinischen „fons"= Quelle verwandt. Darin drückt sich das ursprüngliche Verständnis von Taufe aus, bei deren Spendung der Täufling in das Taufwasser untergetaucht wird und neugeboren „aus Wasser und Geist" dem Taufbad entsteigt (vgl. Joh 3,5).

Die Außenwand der Tauffünte ist mit Reliefs geschmückt: Jesus steht in den Fluten des Jordans, Johannes der Täufer weist auf ihn hin, und ein Engel trägt das Gewand Jesu; ferner sind die Apostel Petrus und Paulus dargestellt.

Auf Schriftbändern, die die Reliefs umgeben, sind ihre Namen geschrieben.

BAPTIZATVR · XPC	Christus wird getauft
ANGELVS · DOMINI	Der Engel des Herrn
BAPTISTA IOHANNES	Johannes der Täufer
SANCTVS PETRVS	Der heilige Petrus
SANCTVS PAVLVS	Der heilige Paulus

Der Jordanfluß, der auf der Tauffünte als Wasserberg dargestellt ist, umschließt Jesus bis zum Kopf. Darin wird die Taufe als Abstieg in die Fluten des Todes angedeutet, auf den der Wiederaufstieg erfolgt. In diesem Aufsteigen wird das Auftauchen eines neuen Lebens gesehen, das den Fluten entrissen wurde.

Der christliche Glaube bekennt: Wer in der Taufe mit Jesus in diesen Quell hinabsteigt, wird auch mit ihm von dort wieder zum neuen Leben emporsteigen.

Die Inschrift am oberen Rand der Tauffünte spricht vom Zugrundegehen des alten Adam und vom neuen, der durch die Taufe in das Leben zurückkehrt:

A ω	ANFANG ENDE
† · QVANDO · SACRAMENTVM · FIT ·	WENN DAS EINFACHE ELEMENT DES
AQVE · SIMPLEX · ELEMENTVM ·	WASSERS ZUM SAKRAMENT WIRD,
† · VERBO · VIRTVTIS · OP(ER)ATVR	BEWIRKT ES DURCH DAS WORT DER
· DONA · SALVTIS ·	(GÖTTLICHEN) KRAFT GABEN DES HEILS,
† · NAM · REDIT · AD · VITAM ·	DENN DER NEUE ADAM KEHRT ZURÜCK
NOWS · ET VETVS · INTERIT · ADAM ·	UND DER ALTE GEHT ZUGRUNDE.

Ein Hymnus vom Fest der Taufe Jesu besingt dieses Ereignis mit folgenden Worten:

Jordan, sing!
Schwing deine Wasser
über die Wüste hin.
Trunken bist du vom Glanz darin:

Jesus, der Christus,
steht als Lamm in den Fluten.

Menschheit, auf!
Lauf ihm entgegen,
deine Geburt ist nah!
Sieh, der Geliebte, die Hochzeit ist da:

Trink seinen Wein,
den neuen, glühenden, guten!

Herrliches All!
Fall vor ihm nieder,
bring dich als Gabe dar!
Christus verwandelt dich wunderbar:

Ewiges Leben
wird dich im Tode durchbluten!

Diese Worte sind eine Kurzformel für die Wirkung der Taufe. Christus ist der neue Adam, der in der Taufe den alten vernichtet, „denn wie in Adam alle sterben, so werden in Christus alle lebendig gemacht werden“ (1 Kor 15,22).

Adam und Eva sowie Auferstehung Jesu vom Epitaph des Balduin Voss, 1618, im nördlichen Querhaus

Der Künstler der Tauffünte wendet sich an Petrus, den Patron des Domes. Ihm stiftet er diesen Taufkessel.

† · WILBERNVS · PETRE · CONFERT · ISTVD · TIBI · DONVM · † · VT P(ER) TE · SVMMVM · POSSIT · HABERE · BONV(M) · GERHARD(VS) · ME FEC(IT) ·	DIR, PETRUS, ÜBERGIBT WILBERNUS DIESES GESCHENK, DAMIT ER DURCH DICH DAS HÖCHSTE GUT ERHALTE. GERHARD MACHTE MICH.

Taufe Jesu vom Epitaph des Balduin Voss, 1618, im nördlichen Querhaus

Das Bild von der Taufe Jesu am Voss-Epitaph im nördlichen Querhaus entspricht eindeutiger dem biblischen Bericht.

Es zeigt Jesus im Jordan wie in einem flachen Taufbecken stehend.
Der Täufer Johannes hebt seine Hand und läßt das Wasser über Jesu Haupt fließen.

Dadurch wird er wie von einem Wassermantel umhüllt. Dies ist eine Form der Taufspendung, die das Untertauchen im Wasser nur andeutet.

Bildnis Petrus (Ausschnittvergrößerung von der Tauffünte)

Die Bibel berichtet:

> In jenen Tagen kam Jesus aus Nazaret in Galiläa und ließ sich von Johannes im Jordan taufen.
>
> Und als er aus dem Wasser stieg, sah er, daß der Himmel sich öffnete und der Geist wie eine Taube auf ihn herabkam. Und eine Stimme aus dem Himmel sprach:
>
> Du bist mein geliebter Sohn, an dir habe ich Gefallen gefunden.
>
> *Mk 1,9-11*

Geheimnisvoll ist das Wasser. Schlicht, klar, selbstlos; bereit, rein zu waschen, was beschmutzt ist, zu erquicken, was dürstet. Und zugleich tief, unergründlich, ruhelos, voller Rätsel und Gewalt. Recht ein Gleichnis der fruchtbaren Urgründe, aus denen das Leben strömt, und ein Gleichnis des Lebens selbst, das so klar scheint, und so rätselhaft ist.
Da verstehen wir gut, wie die Kirche es zum Gleichnis und Träger des göttlichen Lebens, der Gnade, macht.
Aus der Taufe sind wir einst als neue Menschen hervorgegangen, „wiedergeboren aus dem Wasser und dem heiligen Geist".
Romano Guardini

Glaube lebt von der Erinnerung an die Ursprünge. Der Dom ist ein Ort, der die Geschichte der Anfänge des Glaubens im Bistum Osnabrück seit Generationen verwahrt, die eine Geschichte von Heiligen und Sündern ist.

Im Laufe der Jahrhunderte hat der Glaube jeweils eine neue Gestalt gefunden, so wie der Dom dies in den einzelnen Epochen seiner Baugeschichte bis in die Gegenwart sichtbar macht. Ein Innehalten an dieser Stelle kann an die eigene Taufe und die persönliche Glaubensgeschichte erinnern.

Christ, erkenne deine Würde!
Du bist der göttlichen Natur teilhaftig geworden, kehre nicht zu der alten Erbärmlichkeit zurück und lebe nicht unter deiner Würde.
Denk an das Haupt und an den Leib, dem du als Glied angehörst.
Bedenke, daß du aus der Macht der Finsternis entrissen und in das Reich Gottes aufgenommen bist.
Durch das Sakrament der Taufe bist du ein Tempel des Heiligen Geistes.
Papst Leo der Große † 461

Die Taufe reiht uns in die Generationen aller Christen ein, die seit der Gründung des Bistums Osnabrück hier ihren Glaubensweg begonnen haben.

Am Gitter der Taufkapelle sind Medaillons angebracht, auf denen der Bistumsgründer Karl der Große, der erste Bischof von Osnabrück Wiho sowie die Dompatrone Krispin und Krispinian abgebildet sind.

Perspektiven

Der Weg durch das südliche Seitenschiff führt zu einer kunstvoll geschmiedeten Gittertür. Sie zeigt eine Raumtiefe, die durch ein Portal abgeschlossen wird.
Im Näherkommen verwandelt sich dieses Perspektivgitter jedoch in ein gewöhnliches, flächiges Bild.

Mehrdimensionales Schauen bedarf der geduldigen Einübung: Dahinterschauen und Hindurchsehen, das gilt nicht nur für diese Tür. Vor allem im Blick auf die Kirche ist der „dritte Blick“ Voraussetzung, wenn ihr Geheimnis aufleuchten soll.

Der erste Blick richtet sich auf das Äußere und läßt fragen: Wozu ist die Kirche überhaupt da? Beim zweiten Blick wird vielleicht entdeckt, daß sie eine Gemeinschaft von Menschen ist, die sich zu Jesus Christus bekennt. Der „dritte Blick“ ist jener, der von „innen“ schaut. Menschen, die in der Kirche leben und sie lieben, bilden den geheimnisvollen Leib Jesu Christi, dem sie als Getaufte einverleibt sind.

Wer mit diesem „dritten Blick“ schaut, wird auch gewahr, daß sich in der Kirche der Urtraum vom Wohnen Gottes bei den Menschen erfüllt. Der Mensch möchte bei Gott wohnen und ihn zum Mitwohner haben.

Die frühchristlichen Bilder für die Kirche wie „Gottes Bau, Haus Gottes, Tempel Gottes“ verbindet die gleiche Vorstellung: Christwerden heißt, in einen „Bau“ als lebendiger „Stein“ eingefügt zu werden. Das Haus Gottes ist ein Haus aus Menschen, ein „Menschenhaus“, denn so fragt der Apostel Paulus die Christen in Korinth: „Wißt ihr nicht, daß ihr Gottes Tempel seid und der Geist Gottes in euch wohnt?“ (1 Kor 3,16)

Das Licht, das ich schaue, ist nicht an den Raum gebunden.

Es ist viel, viel lichter als eine Wolke, die die Sonne in sich trägt.

Weder Höhe noch Länge noch Breite vermag ich an ihm zu erkennen.

Es wird mir als der „Schatten des lebendigen Lichtes" bezeichnet.

Und wie Sonne, Mond und Sterne in Wassern sich spiegeln, so leuchten mir Schriften, Reden, Kräfte und gewisse Werke der Menschen in ihm auf.

Hildegard von Bingen † 1179

Perspektivisches Gitter am südlichen Eingang zum Chorumgang

16 64

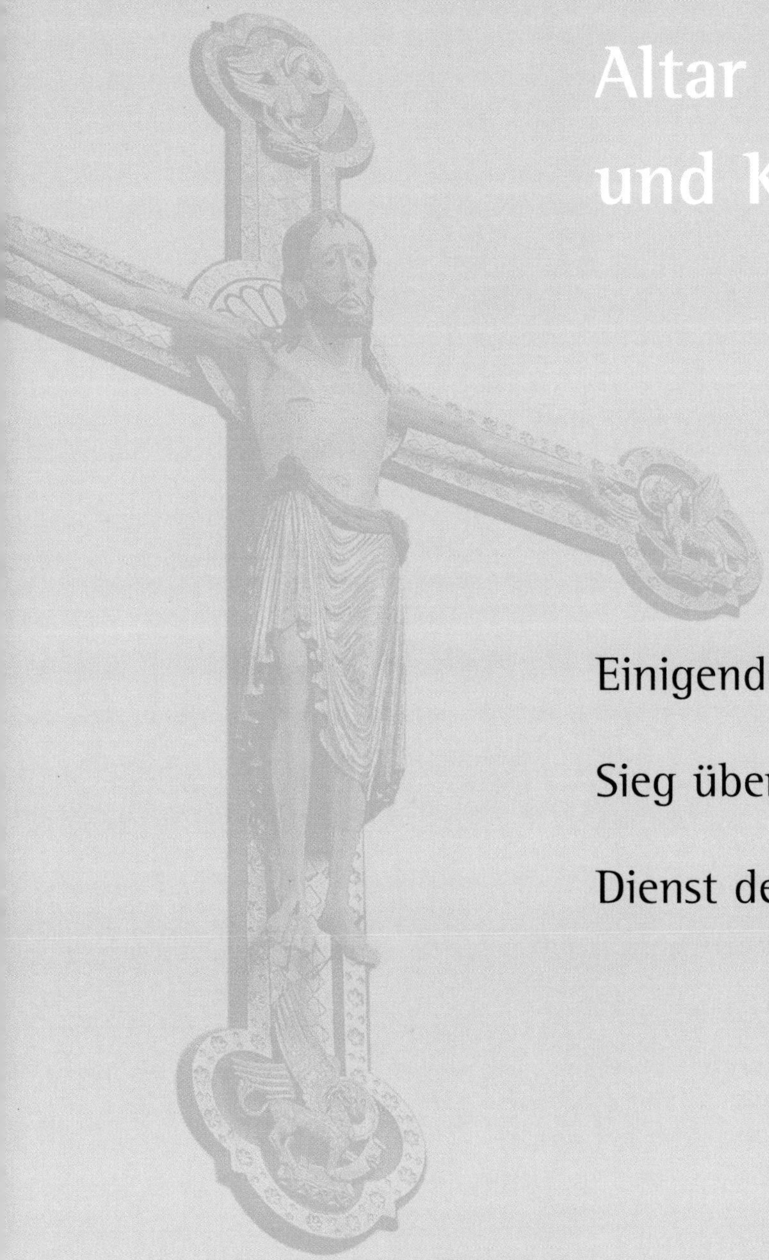

Altar und Kreuz

Einigende Mitte

Sieg über den Tod

Dienst des Betens

Die Hauptachse des Domes von Ost nach West wird durch das Querhaus zu einer Kreuzform umgestaltet.
Im Schnittpunkt dieser beiden Bauglieder steht der steinerne Altar.

An diesem Ort wird sichtbar, warum der Dom ein Kunstwerk des Glaubens genannt wird.
Er ist aus dem Glauben seiner Erbauer gewachsen und lebt als Atemraum des Glaubens, solange sich Menschen in ihm zum Gottesdienst versammeln.

*Vierungsaltar,
E. Hillebrand,
1970,
vom Laufgang
aus gesehen*

Einigende Mitte

Zwei bauliche Akzente bestimmen den Dom: die Achse des Langhauses und das Querhaus, das dem Grundriß die Kreuzform gibt. Im Schnittpunkt erhebt sich der Vierungsturm, unter dem der Hauptaltar aus Stein steht.

Der freistehende Altarblock ist ein stilisierter Baum. Die Ranken am Sockel entfalten sich zu Knospen und Blüten am Rand der Tischplatte.

Dieser Altar in der Mitte weist auf die Zentrumssymbolik hin, die in allen Kultbauten eine Rolle spielt. Wie für die Juden der Tempel zu Jerusalem die Mitte der Völker ist, so sehen die Christen im Altar inmitten ihrer Kirchen eine Nachahmung der Kreuzigungsstätte Golgotha, die als Zentrum des Kosmos verstanden wird.

Der steinerne Altar erinnert an verschiedene „Stein-Worte“ der Bibel, von denen das Psalmwort: „Der Stein, den die Bauleute verwarfen, er ist zum Eckstein geworden“ (Ps 118,22), am deutlichsten auf Jesus Christus hinweist. Dieser weggeworfene Stein ist der Mittelpunkt der Kirche.

Wenn sich die Gemeinde zum Gottesdienst versammelt, feiert sie, was die zu Stein und Raum gewordene Architektur des Domes ausdrückt: Jesus Christus ist Angelpunkt und Mitte der Kirche.
Er vereint die Glaubenden mit sich und untereinander.

Gieße vom Himmel her deinen Segen aus
über diesen Altar,
der errichtet ist in deinem Hause.
Für immer sei er die Stätte
des Opfers Christi,
für immer der Tisch des Herrn,
an dem dein Volk gestärkt wird
im heiligen Mahle.
Dieser Altar sei uns ein Bild
des Herrn Jesus Christus,
aus dessen geöffneter Seite
im Wasser und im Blut
die Sakramente der Kirche hervorgehen.
Dieser Altar sei ein Ort
vertrauten Umgangs mit dir
und eine Stätte des Friedens.
Dieser Altar sei Quelle der Einheit
für die Kirche
und der Eintracht für diese Gemeinde.
Dieser Altar sei die Mitte
unseres Lobens und Dankens,
bis wir nach dieser Zeit
die Freude der ewigen Heimat erlangen.

Aus dem Gebet zur Weihe des Altares

Schlußstein mit Lamm
im Vierungsgewölbe

Auf dem Schlußstein des Vierungsgewölbes ist ein Lamm sichtbar; im Gewölbe des Chorraumes zeigt der Schlußstein einen Stern.

Beide Steine befinden sich in unmittelbarer Nähe zum Altar in der Vierung, und diese Zuordnung macht auf einen geistlichen Zusammenhang aufmerksam.

Schlußstein mit Stern im Gewölbe des Hochchores

Der Stern und das Lamm, das durch die Fahne als Osterlamm kenntlich ist, sind Zeichen für die Menschwerdung sowie für Tod und Auferstehung Jesu.

Seine Hingabe spannt sich zwischen Krippe und Kreuz, zwischen Geburt und Auferstehung.

Diese Schlußsteine mit ihren Symbolen sind ein anderes „Stein-Bild" für Jesus Christus, wie es im Brief an die Epheser heißt: „Der Schlußstein ist Jesus Christus selbst. Durch ihn wird der ganze Bau zusammengehalten und wächst zu einem heiligen Tempel im Herrn" (Eph 2,20b.21).

Sieg über den Tod

Unübersehbar hängt im Mittelgang zwischen den Vorpfeilern der Vierung das Triumphkreuz. Dadurch bekommt die Längsachse des Domes einen besonderen Akzent.

Majestätisch steht der überlebensgroße Christus fast schwebend vor den Kreuzesbalken. Er hat die Arme waagerecht ausgebreitet und wird dadurch selbst zum Kreuz. Dieser Kruzifixus trägt nicht mehr die Königskrone romanischer Kreuze und auch noch nicht die Dornenkrone der gotischen Kreuze.

Es ist ein Kreuz des Übergangs zwischen beiden Darstellungsformen aus der Zeit um 1220. Die geöffneten Augen lassen den Gekreuzigten wie lebend erscheinen, trotz der Seitenwunde vom Todesstoß der Lanze.

Der am Kreuz Sterbende triumphiert über den Tod. In seiner aufrechten Haltung deutet sich Auferstehung an. Das Kreuz wird zum Zeichen des Triumphes, zu einem Triumphkreuz.

Im Anblick dieses Christus das Leben in seiner Nachfolge neu bedenken, kann bedeuten:
leben wie jemand, der den Tod überwunden hat;
stehend und aufrecht im Glauben an die Auferstehung sich vor Gott und den Menschen wissen;
in den ausgebreiteten Armen ein Zeichen der Hingabe sehen;
im Goldglanz den Reichtum erkennen, den ein Herz zu verschenken hat.

Triumphkreuz mit Fensterrose im südlichen Querhaus

Wie alle Bauglieder des Domes auf seine Hauptachse hingeordnet sind, so ist auch der Aufhängungsort des Triumphkreuzes im Längsschiff ein Zeichen der Sammlung und Einigung. Das Kreuz ist der Angelpunkt des christlichen Glaubens: eine Kurzformel des Glaubens. Die Höhe, in der das Kreuz hängt, deutet auf den Himmel. Von „dort“ hat sich Jesus Christus bis in den Gehorsam des Todes am Kreuz „erniedrigt“.

Der Apostel Paulus überliefert in seinem Brief an die Gemeinde in Philippi einen frühchristlichen Hymnus, der diese Erniedrigung und Erhöhung Jesu Christi besingt:

Seid untereinander so gesinnt,
wie es dem Leben in Christus entspricht.
Er war Gott gleich,
hielt aber nicht daran fest,
wie Gott zu sein,
sondern entäußerte sich
und wurde wie ein Sklave
und den Menschen gleich.
Sein Leben war das eines Menschen;
er erniedrigte sich
und war gehorsam bis zum Tod,
bis zum Tod am Kreuz.

Darum hat ihn Gott über alle erhöht
und ihm den Namen verliehen,
der größer ist als alle Namen,
damit alle im Himmel,
auf der Erde und unter der Erde
ihre Knie beugen vor dem Namen Jesu
und jeder Mund bekennt:
„Jesus Christus ist der Herr" –
zur Ehre Gottes des Vaters.

Phil 2,5-11

Vierungsaltar gegen Westen

Altar und Triumphkreuz gehören untrennbar zusammen. Was sich in der Feier der Eucharistie in Brot und Wein verbirgt, wird an der Kreuzgestalt des erhöhten Christus offenbar.

Er erfüllt an uns seine Verheißung, die auf seinen Tod und seine Erhöhung hinweist: „Und ich, wenn ich über die Erde erhöht bin, werde alle zu mir ziehen" (Joh 12,32).

Die Ostchorwand wird durch einen Flügelaltar abgeschlossen. Je nach Festzeit sind seine Flügel geöffnet oder geschlossen.

An Hochfesten: Öffnung der Außen- und Innenflügel. In den mittleren Nischen sind Reliquienschreine ausgestellt; umgeben von den vierzehn Nothelfern sowie zwei weiteren Heiligen in den Feldern der inneren Flügelseiten.

Während des Jahres: Geschlossene Innenflügel, geöffnete Außenflügel; sechzehn Szenen des Lebens Jesu.

Karfreitag und Karsamstag: Geschlossene Außenflügel; acht Szenen des Lebens Jesu

Dreiflügeliger Hochaltar, B. H. Seling, 1905
Äußeres Flügelpaar offengeklappt an den Werktagen: Einzug in Jerusalem, Letztes Abendmahl, Garten Gethsemane, Verrat des Judas, Jesus vor Pilatus, Geißelung, Dornenkrönung, Begegnung mit Maria, Grablegung, Auferstehung, Maria Magdalena, Ungläubiger Thomas, Beauftragung Petri, Christi Himmelfahrt, Pfingsfest.

In diesen Bildern wird die Geschichte Gottes mit uns Menschen anschaulich, wie sie sich durch Jesus Christus ereignet hat. Was hier dargestellt ist, feiert die Gemeinde, wenn sie sich zur Liturgie im Dom versammelt.

Geschlossene Altarflügel an den Kartagen: Verkündigung, Maria bei Elisabeth, Christi Geburt, Anbetung der Weisen, Darstellung im Tempel, Flucht nach Ägypten, Jesus im Tempel, Taufe durch Johannes.

Dienst des Betens

Im südlichen Seitenschiff lädt die Sakramentskapelle zum anbetenden Verweilen ein.

Die Silberampel mit dem roten Licht und der Wandleuchter sind wie ein ständiges Wachen in der Gegenwart Jesu.

Szenen aus dem Alten Testament, in denen Jesu Hingabe vorgebildet ist, sind an die Decke gemalt.

Lieber im Stalle anbeten als auf dem Thron erschrecken.

Die Lehre der Alten von der „Abgeschiedenheit" der Seele ist große Weisheit, weil sie die Lehre von der Selbstwerdung des Menschen ist, der nur jenseits seiner er selbst werden kann.

Adoro und Suscipe sind die beiden Urworte der menschlichen Freiheit.

Das gebeugte Knie und die hochgehaltenen leeren Hände sind die beiden Urgebärden des Menschen.

Alfred Delp (†1944) am Ende einer Weihnachtsbetrachtung

Sakramentskapelle, südliches Seitenschiff

Anbeten und niederknien, das ist vielen Menschen fremd.
Hier ist ein besonderer Ort des Gebetes.
Die Welt lebt von diesem Beten; auch wir selbst, die wir an dieser Kapelle vorübergehen, ohne Zeit zum Verweilen zu haben.

Fußbodenmosaik in der Sakramentskapelle, Brennender Dornbusch, E. Hillebrand, 1984

Der brennende Dornbusch im Fußbodenmosaik erinnert an Mose, der in der Wüste auf heiligem Boden seine Schuhe auszog. Hier begegnete er Jahwe, der ihm aus dem Dornbusch seinen Namen offenbarte (vgl. Ex 3,1-6).

Reinerusschrein, B. H. Seling 1896/97, westlicher Turmbereich

Auf diesen Dienst des Betens macht uns ein fast vergessener Seliger aufmerksam, der im Dom seine Ruhestätte gefunden hat. Es ist Bruder Reinerus, der Osnabrücker Einsiedler.

Um 1200 hat er zweiundzwanzig Jahre in einer Klause am Hauptportal des Domes gelebt und ein Leben in Buße und Gebet geführt.

Sein Schrein steht unter der Orgelempore in einer Nische der Westwand, die mit Säulen geschmückt ist.

Nachdem ihm Gott den Tag des Heimgangs geoffenbart hatte, fiel er gegen Ende seines in Unschuld verbrachten Lebens in schwere Krankheit.

Man öffnete den Eingang zur Klause, und die Kanoniker und Vikare des Domkapitels, die Dominikaner und sonstige Geistliche haben ihn besucht.

Dann empfing er das Sakrament des Heiligen Leibes und Blutes unseres Herrn. Reiner starb am 11. April 1227.

Bald nach seinem Tode begann sein Ruhm durch eine Reihe von Wundern zu strahlen.

aus der Chronik

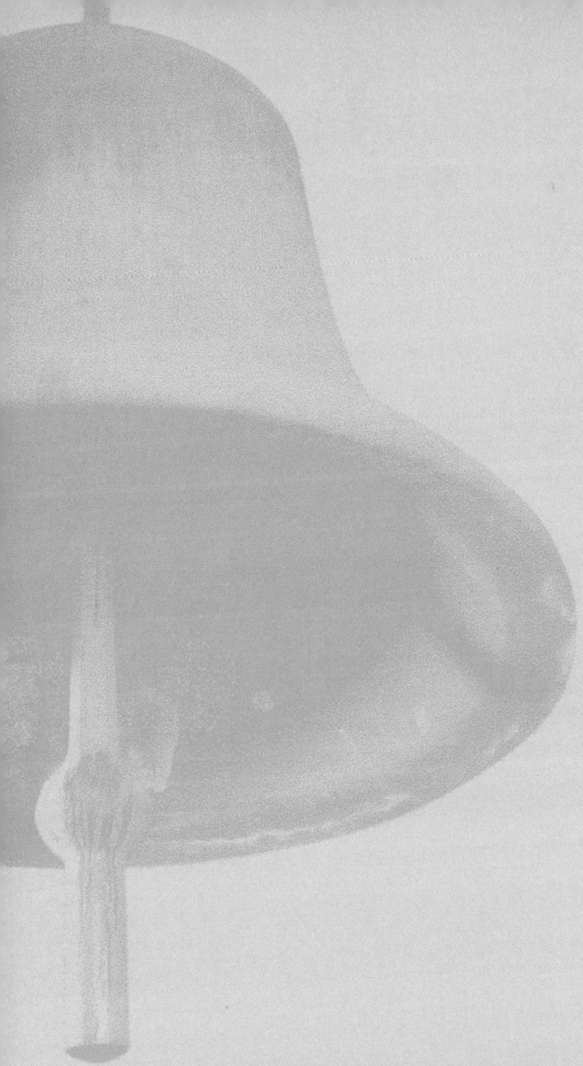

Klänge und Gesänge

Klang-Raum und Glaubens-Klänge

Salve festa dies

Lob der Jahrhunderte

Zum Gottesdienst gehören Klänge und Gesänge.

Instrumente und menschliche Stimme vereinen sich zum Lob Gottes in festlicher Liturgie.

Lieder, die seit Jahrhunderten bis heute im Dom erklingen, verbinden uns mit den Generationen vor uns.
Mit ihnen sind wir die eine Gemeinde, die Gott lobt und preist.

Klang-Raum und Glaubens-Klänge

Die steinerne Botschaft des Domes wird lebendig, wenn sich die Gemeinde zur Feier der Liturgie versammelt. In Gebet und Lied übersetzt sie die Sprache der stummen Zeugen und verwandelt dadurch den Dom in einen Klang-Raum des Glaubens.

Seit vielen Jahrhunderten gehört festliche Musik von Orgel und Glocken zu diesen Glaubensklängen.

Wer im Osnabrücker Dom nach musizierenden Engeln sucht, die in vielen Kirchen auf ihren Instrumenten spielen, hält vergebens Ausschau.

Ihre Abwesenheit scheint uns zu sagen, daß wir selbst einstimmen und den Dienst des Singens und Lobens nicht anderen überlassen sollen.

Reginenglocke (alte Domglocke) aus dem Jahr 1485 von Gerhard de Wou; heute in Hl. Kreuz, Osnabrück

Im Turm der Hl. Kreuzkirche zu Osnabrück hängt seit 1934 eine alte Domglocke, die im Sommer 1485 gegossen wurde. Durch die Auslagerung entging sie der Zerstörung durch den zweiten Weltkrieg.

Inschrift auf der Reginenglocke

Detail Domglocke, Öhr mit Relief Christusantlitz

Sie trägt folgende Inschrift:

† anno · milleno · quadrigent · octuageno · quinto · conflata · glorie · sum(m)i · dedicata · nominor · regina · tempestatibus · medicina gherardus · de · wou · me · fecit ††	Im Jahre 1485 gegossen, zum Ruhm des Höchsten bestimmt, heiße ich Regina und schütze vor Unwettern. Gerhard de Wou machte mich.

Klänge und Gesänge sind seit ältesten Zeiten Bestandteil des Gottesdienstes. Der musikalische Ausdruck gehört zur Antwort des Menschen auf die Erfahrung von Gottes Nähe und Heil.

Was im Dom als lebendiger Lobpreis der feiernden Gemeinde erklingt, muß über seine Mauern hinaus im Leben Widerhall finden. Cantare amantis est! Den Liebenden geziemt es zu singen!
Dieses Augustinuswort gilt auch heute.

Glocken-Weihegebet

Herr des Himmels und der Erde, dich preist deine Schöpfung.
Im Himmel und auf der Erde erschallt dein Lob.
Voll Vertrauen bitten wir dich:
Segne † diese Glocke, die dein Lob kündet.
Sie soll deine Gemeinde zum Gottesdienst rufen,
die Säumigen mahnen,
die Mutlosen aufrichten,
die Trauernden trösten,
die Glücklichen erfreuen
und die Verstorbenen auf ihrem letzten Weg begleiten.
Segne alle, zu denen der Ruf dieser Glocke dringen wird, und führe so deine Kirche von überall her zusammen in dein Reich.
Das gewähre uns durch Christus, unseren Herrn.

Amen.

Orgel der Fa. Breil, 1963

Salve festa dies

Beim Gottesdienst an den Hochfesten des Kirchenjahres erklingt beim Einzug zur Liturgie ein alter Hymnus. Text und Melodie stammen von Venantius Fortunatus († 600).

Im Osnabrücker Dom wird dieser Hymnus seit Jahrhunderten gesungen.

Gruß dir, du festlicher Tag,
verehrungswürdig für immer,
da Gott die Hölle bezwang,
Himmel und Herrschaft gewann.

Osternachtfeier 1996 im Dom,
Blick aus dem Gewölbe des Hauptschiffes

Besonders eindrucksvoll ist die Feier der Osterliturgie. Der dunkle Dom verwandelt sich in der Osternacht im Licht der Osterkerzen in ein festliches Gotteshaus, das widerhallt vom Osterjubel der Gemeinde.

Aus dem Osterlob EXULTET

Lobsinge, du Erde,
überstrahlt vom Glanz aus der Höhe!
Siehe, geschwunden ist allerorten
das Dunkel.
Auch du freue dich, Mutter Kirche,
umkleidet vom Licht
und herrlichem Glanze!
Töne wider, heilige Halle,
töne von des Volkes mächtigem Jubel!

Lob der Jahrhunderte

Die Namen der sechs Glocken machen uns mit der Geschichte des Bistums und des Domes vertraut. Ihr Geläute ist wie das Einstimmen der Heiligen aus Jahrhunderten in unsere Lobgesänge.

Im zweiten Weltkrieg wurde unter Erzbischof Wilhelm Berning († 1955) das Bistum Osnabrück in besonderer Weise *Maria*, der Mutter Jesu, anvertraut.
Ihr ist die größte Glocke geweiht.

Petrus ist der Hauptpatron des Domes.
Er wurde von Jesus Christus zum ersten Hirten seiner Kirche berufen.

Die heiligen *Krispin* und *Krispinian* sind die zweiten Patrone des Domes.
Zur Zeit der römischen Christenverfolgung im 3. Jahrhundert flohen sie nach Soissons im heutigen Frankreich und starben etwa 303. Zur ersten Kirchweihe des Domes 786 ließ Karl der Große ihre Reliquien feierlich nach Osnabrück übertragen.

Der heilige *Wiho* († 804) ist als erster Bischof von Osnabrück durch Karl den Großen eingesetzt.

Der heilige *Gosbert* († 859) wurde von seiner Missionstätigkeit in Schweden vertrieben, als er zum Bischof von Osnabrück berufen wurde. Er wird als Märtyrer verehrt.

Der heilige *Adolf* († 1224) gilt als Erneuerer des Domes, der Domliturgie sowie der bischöflichen Verwaltung.
Er wird besonders wegen seiner Liebe zu den Kindern und Kranken verehrt.

Viele Psalmen fordern zum Lob Gottes mit Gesang und Instrumenten auf. Wir sind eingeladen, mit unseren Gesängen darin einzustimmen und das Lob Gottes durch die Jahrhunderte bis heute lebendig zu halten.

Halleluja!
Lobet Gott in seinem Heiligtum,
lobt ihn in seiner mächtigen Feste!
Lobt ihn für seine großen Taten,
lobt ihn in seiner gewaltigen Größe!
Lobt ihn mit dem Schall der Hörner,
lobt ihn mit Harfe und Zither!
Lobt ihn mit Pauken und Tanz,
lobt ihn mit Flöten und Saitenspiel!
Lobt ihn mit hellen Zimbeln,
lobt ihn mit klingenden Zimbeln!
Alles, was atmet,
lobe den Herrn!
Halleluja!

Psalm 150,1-6

Zeugen des Glaubens

Marienlob – Marienklage

Treue in der Untreue

Gnade der letzten Stunde

Tragende Säulen

Mitte des Bistums

Der Dom ist mit vielen Zeichen, Bildern und Figuren geschmückt. Sie erinnern uns an Menschen, die als Zeugen des Glaubens ihren Weg gegangen sind.
Zu ihnen gehören auch jene, die vom Bischof im Dom zum Dienst geweiht und gesandt werden.

Lob und Klage, Treue und Untreue, Schuld und Vergebung:
In diese Spannung kann der Glaube führen.
Da hinein können auch wir geraten, wenn wir uns in die Nachfolge Jesu rufen lassen.

Marienlob – Marienklage

Von den achtundzwanzig Altären, die im Mittelalter im Dom standen, ist der Margarethenaltar bis heute erhalten.

Sein ursprünglicher Platz war in einer nicht mehr vorhandenen Margarethenkapelle im Kreuzgang. Heute steht er an der Südostecke des Chorumgangs.

Margarethenaltar im Chorumgang, Evert van Roden, um 1525

Der Hauptfigur nach ist er eigentlich ein Marienaltar, denn in der mittleren Nische steht Maria.

Sie ist von einem Strahlenkranz umgeben, unter ihren Füßen eine Mondsichel. Neben ihr stehen der Apostel Johannes und Margaretha.

Maria hält dem zappelnden Jesuskind einen Korb mit Kirschen hin, nach denen es unbekümmert greift.

In der Kunst gibt es Darstellungen, auf denen der Kirschbaum jener Paradiesesbaum ist, der für Adam und Eva zum Baum der Versuchung und der Sünde wurde.
Die Kirschen, die das Kind nimmt, sind die Paradiesesfrüchte, die nicht ins Verderben führen, sondern Leben schenken.

Maria ist die neue Eva, die uns Jesus als Frucht ihres Leibes geboren hat. Er schenkt uns unsterbliches Leben, das bereits im Paradies nach dem Sündenfall verheißen wurde.

Maria wendet Evas Namen, wie es in einem Marienhymnus heißt. Der Engel begrüßt sie mit dem AVE und bringt ihr die Botschaft, daß sie Jesus gebären soll. Dieses EVA - AVE ist kein Wortspiel, sondern Auslegung der Heilsgeschichte Gottes mit uns Menschen.

AVE, maris stella, Dei mater alma atque semper virgo, felix caeli porta.	Meerstern, sei gegrüßt Gottes hohe Mutter, allzeit reine Jungfrau, selig Tor zum Himmel.
Sumens illud AVE Gabrielis ore, funda nos in pace, mutans EVAE nomen.	Du nahmst an das AVE aus des Engels Munde. Wend den Namen EVA, bring uns Gottes Frieden.

Ambrosius Autpertus † 784

Die Madonna mit Kind im Rosenkranz hat ihren Platz an der Nordseite des Querhauses.

Maria ist von geradlinigen und gezüngelten Strahlen umgeben. Auf ihrem Haupt trägt sie eine Krone, und langwallendes Haar fällt auf ihre Schultern. Sie steht auf einer Mondsichel. Unter ihren Füßen windet sich eine Schlange im Todeskampf.

Das Jesuskind greift nach einer Beere aus der Weintraube, und das lange Ende seiner Windel flattert bis an den Rosenkranz.

„Auf den dritten Blick“ erschließt sich uns hier das Geheimnis der Erlösung:

Maria ist die Frau, die der Schlange den Kopf zertritt (Gen 3,15) und die als das „große Zeichen am Himmel“ erscheint, umkleidet mit der Sonne, den Mond zu ihren Füßen (Offb 12,1).

Die Traube in ihrer Hand deutet auf das Leiden Jesu hin. Die in der Kelter ausgepreßte Traube ist ein Bild für Jesus, der in der „Kelter des Kreuzes“ sein Blut vergossen hat.

Im Rosenkranzgebet werden diese Geheimnisse des Glaubens meditierend geschaut: Begebenheiten des weihnachtlichen Festkreises im freudenreichen Rosenkranz, das Geschehen der Passion im schmerzhaften Rosenkranz und die österlichen Ereignisse im glorreichen Rosenkranz.

Madonna mit Kind im Rosenkranz, nördliches Querhaus, Evert van Roden, um 1525

Von Perle zu Perle führt dieses rhythmische Beten in eine innere Ruhe. Sie hilft zum Verweilen in der „Lebenssphäre Mariens, deren Inhalt Christus war“ (Romano Guardini).

Ein besonderes Kunstwerk birgt der Osnabrücker Dom in der Marienkapelle im Chorumgang: eine Pietà, das „Bild von der seligen Jungfrau vom Erbarmen“ (imago beatae virginis de pietate).

Diese Plastik ist in ein Gemälde hineinkomponiert. Drei Frauen mit Salbgefäßen füllen die linke Bildhälfte aus. Ihnen gegenüber stehen Josef von Arimathäa, Nikodemus und Johannes. In den Leerraum zwischen diesen beiden Personengruppen schiebt sich die Plastik der Pietà.

Die Bibel berichet:

> Als Jesus seine Mutter sah und bei ihr den Jünger, den er liebte, sagte er zu seiner Mutter: Frau, siehe, dein Sohn! Dann sagte er zu dem Jünger: Siehe, deine Mutter! Und von jener Stunde nahm sie der Jünger zu sich.
>
> *Joh 19,26-27*
>
> Josef aus Arimathäa war ein Jünger Jesu, aber aus Furcht vor den Juden nur heimlich. Er bat Pilatus, den Leichnam Jesu abnehmen zu dürfen, und Pilatus erlaubte es. Also kam er und nahm den Leichnam ab.
> Es kam auch Nikodemus, der früher einmal Jesus bei Nacht aufgesucht hatte. Er brachte eine Mischung aus Myrrhe und Aloe, etwa hundert Pfund.
>
> *Joh 19,38-39*
>
> Als der Sabbat vorüber war, kauften Maria aus Magdala, Maria, die Mutter des Jakobus und Salome wohlriechende Öle, um damit zum Grab zu gehen und Jesus zu salben. Am ersten Tag der Woche kamen sie in aller Frühe zum Grab, als eben die Sonne aufging.
>
> *Mk 16,1-2*

Schmerzhafte Mutter (Pietà) und Kreuzabnahmebild in der Marienkapelle im Chorumgang, 1478

Von Maria mit dem toten Sohn im Schoß berichtet die Bibel nichts. Dieses Motiv stammt aus der mystischen Frömmigkeit des 13. Jahrhunderts. Zwischen der Dramatik des Karfreitags und der Grablegung liegt der Abschied der Mutter von ihrem Sohn. In einem Text, der aus dieser Zeit überliefert wird, bittet Johannes die Mutter, Jesus bis zum Beginn des Sabbats zu bestatten, wie es der Brauch der Juden vorschreibt. Für einige Augenblicke hält Maria ihren Sohn noch in ihrem Schoß geborgen, ehe sie ihn dem Grab überläßt.

Wie tränenschwer legen sich die großen dunklen Falten des Kopfschleiers um das in vollen Flechten hervorquellende Goldhaar und unterstreichen die Totenblässe des Antlitzes der Mutter.
Dort wo der blutig bleiche Leib des Gottessohnes terrassenförmig abklingt und die Lichtmomente günstiger liegen, verläßt der Künstler das Unisono der Trauer und legt einzelne leuchtende Farbtöne wie verglimmende Sonnenstrahlen in die Vesperstimmung hinein.

„Vesperstimmung", das weist darauf hin, daß diese Stunde im Leben Marias in den Zusammenhang der abendlichen Gebetszeit, der Vesper, gestellt wurde.
In manchen Stundenbüchern befindet sich deshalb an dieser Stelle das Bild der Pietà. Der Höhepunkt dieser Stundenliturgie ist das Magnifikat, der große Lobpreis Marias. Das ist ihr „Evangelium", in dem sie sie das Erbarmen Gottes mit den „Niedrigen" besingt.

Meine Seele preist die Größe des Herrn,
und mein Geist jubelt über Gott,
meinen Retter.

Denn auf die Niedrigkeit seiner Magd
hat er geschaut.
Siehe, von nun an preisen mich selig
alle Geschlechter.

Denn der Mächtige hat Großes
an mir getan,
und sein Name ist heilig.

Lk 1,46-49

Der Gesang dieses Lobpreises in der Vesper, der Abschiedschmerz Marias, der Augenblick vor der Grablegung, die Trauer der Frauen, die am Morgen zum Grab eilen: Das ist eine Spannung, in die uns das Bild hineinnimmt.

Hier ist ein Ineinander von Karfreitag und erstem Wochentag; Beginn der Nacht und Anbruch des Morgens; Zeit der untergehenden Sonne und Stunde, da eben die Sonne aufgeht; Zeit zwischen Kreuzabnahme, Grablegung und Anbruch des Ostermorgens.

Deshalb klingt das Magnifikat angesichts dieses Vesperbildes wie eine Verheißung, daß Gott auch nach dem Karfreitag an sein Erbarmen denkt, wie es am Schluß des Magnifikat heißt.

Es erfüllt sich im endgültigen Sieg über den Tod in der Auferstehung Jesu. Der Beginn des neuen Lebens wird behutsam im Zeichen angedeutet. An den Wundmalen der Füße Jesu erblühen Blütenblätter: Leben aus dem Tod.

In den ersten Pfeiler links unten im Hauptschiff ist eine kleine Pietà hineingestellt. Maria trägt eine Goldkrone und ist mit einer Goldkette geschmückt: Zeichen für den Glanz des Ostermorgens, der noch vom Tod überschattet wird.

Pietà im ersten Pfeiler des Hauptschiffes aus Bad Iburg

Treue in der Untreue

Der Osnabrücker Dom ist eine „Peterskirche", die dem Apostel Petrus geweiht ist.
Sein Bild ist vielfach im Dom anzutreffen.
Als Zeichen der von Christus übertragenen Vollmacht zu binden und zu lösen wird er mit dem Schlüssel dargestellt.

Petrus gehört neben Maria zu den „Niedrigen", die von Gott erwählt wurden.
Die Figur unter dem Turm zeigt einen Petrus, der in der Spannung zwischen Untreue und Treue seinen Nachfolgeweg geht.

Die Bildfolge an der Kanzel stellt seine Berufung, die Schlüsselübergabe sowie seine Sendung durch Jesus dar.

Berufung des Apostels Petrus an der Barockkanzel, J. A. Vogel, 1751: Verlasse deinen Beruf und folge mir nach! Du bist der Fels!

Petrusfigur im Turmbereich, K. H. Winter, 1980

Des Petrus Blick ist fest auf den Herrn gerichtet, zu dem er gesagt hat:
Du bist Christus, der Sohn des lebendigen Gottes. Zu wem sollen wir gehen?
Du hast Worte des ewigen Lebens.

Petrus hat sich dem Auftrag Christi mit seiner Vollmacht, Last und Verantwortung gestellt:
Du bist Petrus, und auf diesen Felsen werde ich meine Kirche bauen, und die Mächte des Todes werden sie nicht überwältigen.

Des Petrus Blick ist zugleich auf die Welt gerichtet, in der er diesen Auftrag erfüllen muß.
Dabei begleitet ihn Jesu Wort:
Für dich habe ich gebetet, daß dein Glaube nicht wanke. Du aber stärke deine Brüder und Schwestern.

Der Hahnenschrei erinnert Petrus an seinen Verrat, aber auch an die beglückende Erfahrung von Buße und Umkehr, Vergebung und bestätigter Sendung:
Weide meine Schafe!

Diese Sendung ist an die Liebe gebunden. Jesus hat ihn gefragt:
Liebst du mich mehr als diese?

Petrus steht auf dem Fundament des Vertrauens in die tragende Kraft des Herrn, der ihn ruft:
Komm! und der seine Angst mit der einen liebenden Frage heilt:
Du Kleingläubiger, warum hast du gezweifelt?

Weide meine Schafe!

Ölbergbild im Chorumgang, 1515

Gnade der letzten Stunde

Wie sehr Jesus einer von uns Menschen geworden ist, zeigt das Tafelbild „Christus am Ölberg" an der Wand zwischen Kreuzkapelle und Marienkapelle im Chorumgang. Es stellt die drei Stadien von Jesu Gebet im Garten Getsemani gleichzeitig dar: Jesus aufrecht kniend, vornübergebeugt und niedergestreckt auf den Felsboden.
Ein Engel stärkt Jesus, und im Hintergrund führt Judas die Kohorte der Häscher an, die Jesus gefangen nehmen wollen. Schriftbänder deuten das Geschehen.

Die Klage Christi an den Vater: Meine Seele ist betrübt bis in den Tod, ja bis zum Tod am Kreuze (Mt 26,38 und Mk 14,34) ist am linken Bildrand unten in Lateinisch zu lesen. Die Worte Jesu bei seinem dreimaligen Gebet sind in niederdeutscher Sprache geschrieben. Im letzten Spruchband heißt es:

Ick gheve myne willen ·
vader an dyne hant ·
dyne thore tho stille ·
dar ick by tho ut ghesant ·

Ich gebe meinen Willen,
Vater, in deine Hand.
Deinen Willen zu erfüllen,
dazu bin ich gesandt.

Der Engel, der Jesus tröstet, spricht:
Starke dy du grote her ...
Stärke dich, großer Herr...

Durch sein dreimaliges Niedersinken in Todesangst und seine dreimalige Bitte um Vorübergang des Leidenskelches läßt sich Jesus buchstäblich auf unser „Niveau" ein. Er wird uns „ebenerdig", die wir durch unsere Schuld tief gesunken sind. Aus dieser ausweglosen Situation geht Jesus durch den Engel gestärkt hervor und mahnt die schlafenden Jünger: Auf, laßt uns gehen!

Rokoko-Kreuzigung („Kalvarienberg"), Joseph Geitner, um 1760

Das Erbarmen Jesu mit uns Menschen wird am „Kalvarienberg" besonders anschaulich. Jesus hängt am Kreuz, umgeben von den beiden Schächern.

„Denk an mich!" und „Heute noch!", das sind die eindrucksvollen Worte des Zwiegespräches zwischen Jesus und dem rechten Schächer. Aug' in Auge erwarten beide den Tod; Aug' in Auge der Unschuldige mit dem Sünder, dem die Gnade der letzten Stunde geschenkt wird.

„Gott ist größer als unser Herz",
unser kleines Herz...,
habe ich mir als Wahlspruch ausgesucht,
um immer wieder darauf zu verweisen,
ja prophetisches Zeichen dafür zu sein,
alle Sehnsucht und Verlassenheit der
Menschen wahrzunehmen, sich auf die
Lage der Menschen einzulassen, sich
davon berühren zu lassen, sie mit zu
durchleben und der unberechenbaren
Gnade Raum zu geben, die spricht:
„Heute noch wirst du bei mir sein",
wo auch immer einer zu dieser
schlichten Aussage findet wie der
Schächer am Kreuz:
„Jesus, denk an mich!"

Ein ganzes verpfuschtes Leben kann in der Gnade der letzten Stunde aufgeholt werden, wenn ein Mensch so wird wie dieser mitgekreuzigte Mensch hier und sein „Jesus, denk an mich!" ausspricht.

Franz-Josef Bode

Tragende Säulen

Unter den Heiligen, die im Dom durch eine Figur, durch ein Bild oder durch Reliquien gegenwärtig sind, fallen die fast lebensgroßen Figuren der Apostel an den Pfeilern des Langhauses zuerst auf. Sie gehören zu den hervorragendsten Werken der westfälischen Steinplastik. Ernst und feierlich stehen sie auf Konsolen mit den Stifterwappen, gekrönt von Baldachinen. Ihr Standort läßt sie wie „tragende Säulen" erscheinen, die den Dom stützen.

Ferner gehören zu diesen „Säulen" die Dompatrone Krispin und Krispinian; der selige Niels Stensen, dessen Reliquiar in der Sakramentskapelle in die Wand eingelassen ist; die heiligen Frauen und Männer, die im Hochaltar in Schreinen ruhen oder dort abgebildet sind, sowie der Zisterzienserbaumeister, dessen Kopf eine Konsole im oberen Chorumgang schmückt.

Baumeisterkopf an einer Säulenkonsole im nördlichen Hochchorgewölbe

Apostel Jakobus an einem Pfeiler des Hauptschiffes, Evert van Roden, um 1525

Apostel Johannes an einem Pfeiler des Hauptschiffes, Evert van Roden, um 1525

Sie alle sind Zeuginnen und Zeugen des Glaubens, von denen die Kirche lebt und getragen wird. Sie selbst „ist die Säule und das Fundament der Wahrheit" (vgl. 1 Tim 3,15). Gleich den Pfeilern und Säulen, die den Dom tragen und sichern, braucht die Kirche die lebendigen „tragenden Säulen" aus Menschen, die den Glauben in der Welt bezeugen.

> Wer siegt, den werde ich zu einer Säule im Tempel meines Gottes machen, und er wird immer dort bleiben.
>
> *Offb 3,12*

Mittelpfeiler in der Sakristei, um 1230

Die große Figur in der Nische stellt Margaretha als Drachenbesiegerin dar. Nach der Legende ist ihr im Gefängnis der Teufel in Gestalt eines Drachens erschienen, den sie mit dem Zeichen der Kreuzes besiegt hat.

Der Name dieser Märtyrin ist mehr als eine Bezeichnung ihrer Person. Er ist vom griechischen Wort „margarites“ abgeleitet, das übersetzt „Perle“ bedeutet. In der frühchristlichen Zeit wird „Margaretha“ zu einem inhaltsreichen Frauennamen, besonders für Märtyrinnen und Jungfrauen. Die Liturgie am Fest heiliger Jungfrauen und Märtyrinnen greift deshalb das Wort Jesu vom Himmelreich als der „kostbaren Perle“ (Mt 7,6) auf und deutet es auf das Leben dieser heiligen Frauen.

Auch ist es mit dem Himmelreich wie mit einem Kaufmann, der schöne Perlen suchte. Als er eine besonders wertvolle Perle fand, verkaufte er alles, was er besaß, und kaufte sie. *Mt 13,45f*

Hl. Margaretha, linke Nische des Margarethenaltares im Chorumgang, Evert van Roden, um 1525

Eine besondere Verehrung galt im Mittelalter der heiligen Jungfrau Margaretha von Antiochien. Um 303 erlitt sie in der Christenverfolgung unter Kaiser Diokletian das Martyrium. In dem nach ihr benannten Altar steht sie in der Seitennische neben Maria.

Die kleine Figurengruppe in der Mitte zeigt ihr Martyrium. Margaretha ist an einem Pfeiler angebunden, umgeben von drei Folterknechten. Einer entfacht mit einem Blasebalg das Feuer, ein anderer schlägt auf sie ein, und der dritte hält eine Fackel, um ihr die Brüste abzubrennen.

Mitte des Bistums

Der Dom zu Osnabrück ist die Kathedrale des Bischofs, die „Haupt- und Mutterkirche" des Bistums Osnabrück. An der Rückenlehne des Bischofssitzes, der auch Cathedra genannt wird, befindet sich das Bischofswappen. Jeder Bischof faßt mit seinem Wappen und dem zugehörigen Wahlspruch sein Wirken wie in einer Kurzformel zusammen.

Seit 1995 ist Dr. Franz-Josef Bode der 76. Nachfolger auf dem Bischofsstuhl des heiligen Wiho, des ersten Bischofs von Osnabrück († 804). Sein Wappen enthält folgende Bildzeichen:

Rotes Rad auf Silbergrund:
Seit alters her Wappenzeichen der Bischöfe von Osnabrück. Das Rad steht für den Wagen Gottes (Ez 1,15-20: Ps 68,18) und ist Symbol für die Kirche und das Evangelium.

Goldenes Kreuz auf rotem Grund
Hinweis auf das Erzbistum und das Hochstift Paderborn, aus dem Bischof Dr. Franz-Josef Bode stammt

Baum am Fluss
Gesegnet der Mann, der auf den Herrn sich verläßt und dessen Hoffnung der Herr ist. Er ist wie ein Baum, der am Wasser gepflanzt ist und am Bach seine Wurzeln ausstreckt: Er hat nichts zu fürchten, wenn Hitze kommt, seine Blätter bleiben grün; auch in trockenen Jahren ist er ohne Sorge, unablässig bringt er seine Früchte. (Jer 17,7-8)

Herz mit Kreuz
Wappen des seligen Niels Stensen;
als Weihbischof in Münster und Paderborn wirkte er im heutigen Bistumsgebiet (Emsland und Grafschaft Bentheim).
Entspricht dem Wahlspruch:
Gott ist größer als unser Herz.
(1 Joh 3,20)

Diese Bilder deutet Bischof Dr. Franz-Josef Bode im Blick auf sein Wirken im Bistum Osnabrück mit folgenden Worten:

Herz für eine persönliche, lebensgeschichtlich orientierte Seelsorge aus der Mitte

Baum für eine mystagogische Seelsorge,
die wider alle Entwurzelung den Menschen in Gott verwurzelt

Kreuz für eine geerdete, realistische Seelsorge,
die Kreuzen nicht ausweicht

Rad für eine kommunikative und dialogische Seelsorge,
die Gemeinschaft stiftet und bewegt

Wo nämlich das Herz auf dem rechten Fleck ist,
wo unser Leben richtig verwurzelt ist,
wo wir den Kreuzen nicht ausweichen,
da fährt der „Karren" sich nicht fest
oder landet im Graben!

Bischofsstuhl (Cathedra) mit Bischofwappen

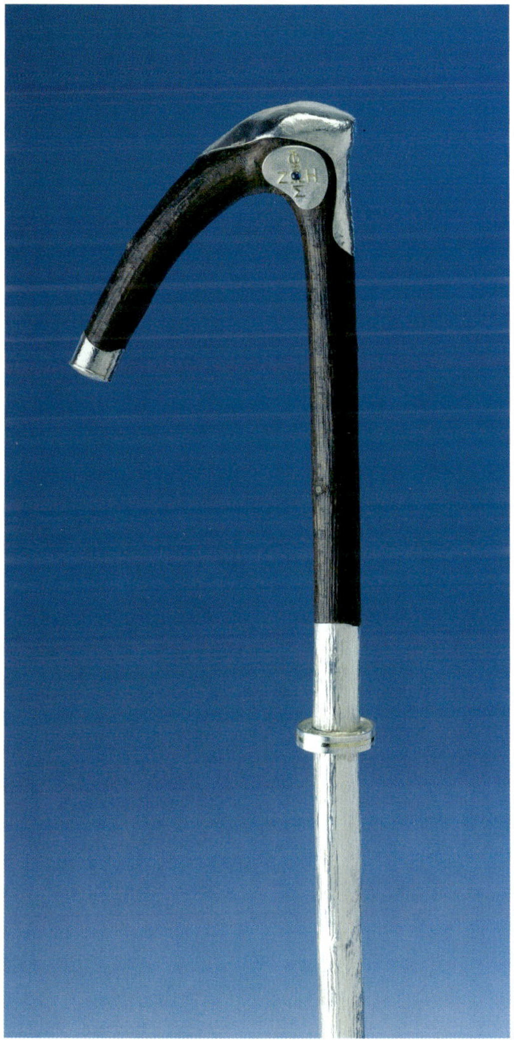

Bischofsstab des Bischofs Dr. Franz-Josef Bode

Der besondere Rang des Domes als Bischofskirche ist im bischöflichen Dienst der Einheit an den Glaubenden des Bistums begründet. Priester, Diakone, Männer und Frauen im pastoralen Dienst, Ordensleute und Eltern sowie alle übrigen Getauften sind in unterschiedlicher Weise auf diesen Dienst des Bischofs hingeordnet und in ihn eingebunden.

Du sollst Hirte sein, wird David gesagt. Ich habe mir einen Stab bei der Bischofsweihe vor vier Jahren ausgesucht unmittelbar aus der Arbeit der Hirten und Schäfer, so wie er gewachsen ist aus Haselholz: ungehobelt und mit einer Astgabel als Krümme, wohl etwas veredelt und mit drei Bildern versehen: mit dem Bild vom Lamm Gottes, mit dem Kreuz aus den griechischen Buchstaben für „Licht und Leben" und in deren Schnittpunkt mit einem kleinen blauen Stein, hinweisend auf das Meer, den Norden unseres Bistums

Φ

Z Ω H

Σ

und mit dem Osnabrücker Rad als Griff unter der Krümme.
Der, dem ich als Hirte folgen will, der sich der „Gute Hirte" nennt, ... erinnert mich daran, daß dieser Stab nicht der Stock eines Treibers, sondern Stütze und Halt für viele sein soll.

Franz-Josef Bode

Bischofsstab Detail

Diese Einheit um den Bischof wird vor allem sichtbar, wenn er inmitten der Gemeinde der Liturgie vorsteht.

Bei der Spendung der Priester- und Diakonenweihe nimmt er durch Handauflegung und Gebet Menschen in den Dienst des Bistums und gibt ihnen Anteil an seiner Hirtensorge.

Am Gründonnerstag weiht der Bischof in der Chrisam-Messe die heiligen Öle:

den Chrisam
für die Salbung nach der Taufe
für die Spendung der Firmung
für die Weihe des Bischofs und des Priesters
für die Weihe von Kirchen und Altären;

das Katechumenenöl
für die Salbung vor der Taufe;

das Krankenöl
für das Sakrament der Krankensalbung.

Zum Zeichen der Einheit aller Priester des Bistums mit dem Bischof sollen aus allen Regionen Priester mit ihm gemeinsam die Chrisam-Messe feiern. Danach bringen sie die geweihten Öle in die Gemeinden.

Weg–
gemeinschaft

Keine bleibende Stätte

Gemeinschaft
der Heiligen

Zur Mitte finden

Heiteres Licht
vom herrlichen Glanze

Der Dom ist kein Haus,
in dem wir bleiben und wohnen.
Er ist ein Ort, wo wir uns zum
Gottesdienst versammeln
oder zum stillen Gebet innehalten.

Danach gehen wir wieder unsere
alltäglichen Wege.

Dadurch werden wir aufmerksam,
daß wir stets aufbrechen und
weitergehen müssen und unser
Leben als Pilgerschaft begreifen
sollen.
Wir sind unterwegs zum himm-
lischen Jerusalem, dessen Abbild
der Dom ist.

Keine bleibende Stätte

Die Stationen, an denen wir im Dom verweilt haben, werden uns unterschiedlich ansprechen und bewegen. Einzelne Orte im Dom suchen wir vielleicht regelmäßig auf, an anderen gehen wir vorüber.

Viele Menschen, die in den Dom kommen, entzünden ein Licht, das nach ihrem Weggang stellvertretend für sie brennt. Diese Lichter erinnern an unzählige Gebete, die im Dom ausgesprochen wurden.

Im Laufe der Jahrhunderte haben Generationen von Menschen den Dom besucht, und nach uns werden es wiederum viele sein. Alle bilden eine große Weggemeinschaft, die sich Gott und der Fürsprache der Heiligen anvertraut.

„Maria immerwährende Hilfe" im Turmbereich

Die christliche Überzeugung von der Weggemeinschaft der Glaubenden drückt sich vor allem im Pilgern aus. Der Apostel Jakobus ist an einem Pfeiler des Hauptschiffes als Pilger dargestellt mit Pilgerstab und Muschel am Hut. In seiner Linken hält er ein Beutelbuch*, in der Rechten eine Gebetsschnur.

Seit der mittelalterlichen Pilgerfahrt zu seinem Grab nach Santiago de Compostela ist er der Patron der Pilger. Jakobus, Apostel Jesu Christi, Verkünder seiner Botschaft und Pilger: Weggefährte aller, die auf den Straßen dieser Erde pilgern und unterwegs sind zum himmlischen Jerusalem.

Apostel Jakobus vom Pfeiler im Hauptschiff, Detail

**Ein Beutelbuch verwendeten die Wandermönche im 14. Jahrhundert. Es war aus festem Leder gebunden, das oben über den Buchdeckel hinausging und mit einem Band zusammengehalten wurde. Die Mönche trugen es an ihrem Kuttenstrick und hatten auf diese Weise jederzeit ihre Gebete zur Hand. Manchmal diente ein Beutelbuch auch als Verteidigungsmittel gegen Räuber und Wegelagerer.*

O Gott,
du hast Abraham aus seinem Land herausgeführt und ihn auf allen seinen Wegen behütet. Gewähre auch uns diesen Schutz. Stärke uns in Gefahr,
behüte unseren Schritt.
Sei uns ein kühler Schatten in der Hitze des Tages,
schützender Mantel gegen die Kälte.
Trage uns in Ermüdung,
und verteidige uns in jeder Not.
Sei uns ein fester Stab gegen den Sturz
und ein Hafen,
der die Schiffbrüchigen aufnimmt.
Laß uns unter deiner Führung
mit Sicherheit unser Ziel erreichen.
Laß uns unsere Heimat finden,
laß uns ankommen bei dir.

Nach einem alten Pilgergebet

Von den Heiligen. LIX

Ein ander andechtig Lied
zur Bittfart zeitten zu ſingen / auff die weiſs / Dis ſint die heiligen Zehen gebot / in dem erſten theil folio 147. Vnd folio 154. Oder auff die weiſs wie folget / dann es im Erſten theil in den ſelben vorkürtzet / alhie aber erfüllet worden.

In Gottes Namen fahren wir / ſeiner gnaden begeren wir / nun hilff vns allen Gottes krafft / vorley vns allzeit groſſe macht / Kyrieleiſon.

IN Gottes Namen fahren wir / ſeiner gnaden begeren wir / Nun hilff vns allen Gottes krafft / vorley vns alzeit groſſe macht / Kyrieleiſon.

Faksimile des Liedes „In Gottes Namen fahren wir"

Gemeinschaft der Heiligen

Im Dom, der Abbild des himmlischen Jerusalem ist, wird durch die Heiligenfiguren und -bilder die Einheit der Kirche auf Erden mit jener des Himmels anschaulich. Einige Heilige erblicken wir sofort, wie die Apostel an den Pfeilern des Langhauses.

Andere wollen im buchstäblichen Sinne entdeckt werden: die heiligen vierzehn Nothelfer an den Innenseiten des Flügelaltares im Chor. Wieder andere sind an Grabmälern oder auf Altären im Chorumgang dargestellt.

Schließlich gibt es Heilige, die ganz im verborgenen bleiben. Ihre Reliquien ruhen in kostbaren Schreinen, die an Hochfesten im geöffneten Hochaltar aufgestellt werden. Es sind der Permerius-Schrein, der Reginenschrein, der Cordula-Schrein, der Crispin-Schrein und der Crispinianus-Schrein.

In dieser „Wolke von Zeugen“ (vgl. Hebr 12,1) schauen wir die Vielfalt der Wege in der Nachfolge Jesu bis in unsere Zeit. Die Heiligen sind unsere Weggefährten und Fürsprecher.

Ihr vierzehn Nothelfer, bittet für uns!
Heilige Bischöfe Dionysius, Erasmus und Blasius
Heilige Jungfrauen Barbara, Margaretha und Katharina
Heilige Ritter Georg, Achatius und Eustachius
Heiliger Arzt Pantaleon
Heiliger Mönch Aegidius
Heiliger Diakon Cyriakus
Heiliger Knabe Vitus
Heiliger Riese Christophorus

Gefährtinnen der heiligen Ursula, ruhend im Reginenschrein, bittet für uns!
Heilige Regina
Heilige Juliana
Heilige Cordula
Heilige Ludmilla
Heilige Pantera

Hochaltar, B. H. Seling, 1900, aufgeklappte Mittelfügel mit Schreinen an Festtagen: vierzehn Nothelfer und zwei weitere Heilige;

von links nach rechts: Vitus, Blasius, Cyriakus, Pantaleon, Georg, Eustachius, Katharina, Margaretha, Barbara, Achatius, Aegidius, Dionysius, Ersamus, Christophorus; Bonifatius und Elisabeth.

Schreine von links nach rechts: Permerius-Schrein 1470, Reginen-Schrein Anfang 14. Jahrhundert, Cordula-Schrein 1447, Crispin-Schrein und Crispinianus-Schrein Ende des 12. Jahrhunderts.

Petrus und Paulus an der Tür zum Chorumgang, nördliche Seite, 1664

Heiliger Petrus, bitte für uns!
berufen zum Menschenfischer
aus Furcht Jesus verleugnend
weinend beim Hahnenschrei
umkehrend zu Liebe und Treue
Schlüsselträger und Fels der Kirche
Patron des Osnabrücker Domes

Heilige Bischöfe von Osnabrück,
bittet für uns!
Wiho, erster Bischof von Osnabrück
Gosbert, Missionar und Märtyrer
Adolf, Freund der Kinder und Kranken

Heilige, im Dom dargestellt und verehrt,
bittet für uns!
Heiliger Josef,
Patron des Bistums Osnabrück

Seliger Reiner von Osnabrück,
Ratgeber und Fürbitter

Seliger Niels Stensen,
Forscher, Missionar und Bischof

Heiliger Antonius,
Freund der Armen

Apostel Jesu Christi, bittet für uns!
Paulus, Apostel der Heiden
Johannes, Lieblingsjünger Jesu
Jakobus, Donnersohn und Patron
der Pilgernden
Bartholomäus, Missionar und Märtyrer
Matthäus, Zöllner und Evangelist
Judas, Glaubenseiferer und Missionar
Simon, Apostel und Märtyrer
Andreas, Fischer und erster Jünger Jesu
Thomas, Zweifler und Glaubender

Passionsalter, 1517, in der Kreuzkapelle im Chorumgang; geschlossene Flügel rechte Seite Krispin und Krispinian, linke Seite Petrus und Bischof Lambertus mit dem Stifter Lambert von Snetlage

Heilige Krispin und Krispinian,
bittet für uns!
Christen des römischen Reiches
Märtyrer, gefoltert und verbrannt
Patrone des Osnabrücker Domes

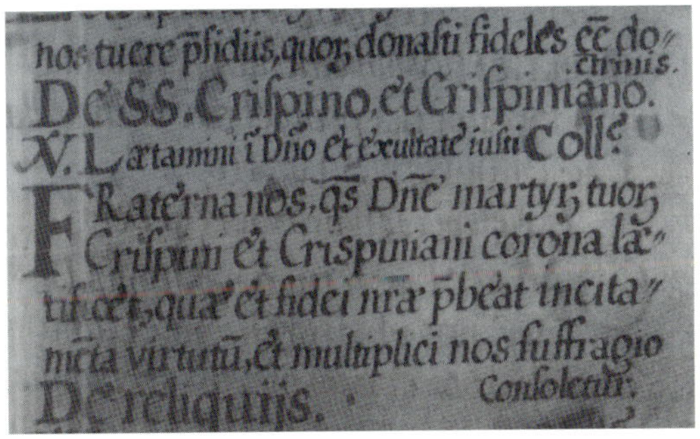

nos tuere pſidiis, quoꝝ donaſti fideles eē doctrinis.
De SS. Criſpino et Criſpiniano.
V. Lætamini ĩ Dño et exultate iuſti Coll.
FRaterna nos, qs Dñe martyr tuoꝝ
Criſpini et Criſpiniani corona læ-
tificet, quæ et fidei nræ pbeat incita-
menta virtutũ, et multiplici nos ſuffragio
De reliquiis. Conſoletur.

Tagesgebet der heiligen Krispin und Krispinian nach einer Handschrift

De Ss. Crispino et Crispiniano.

V. Laetamini in Domino
et exultate iusti.
(R. Et gloriamini omnes recti corde)

Collecta

Fraterna nos quaesumus, Domine,
martyrum tuorum Crispini
et Crispiniani corona laetificet,
quae et fidei nostrae praebeat
incitamenta virtutum,
et multiplici nos suffragio consoletur.

Von den heiligen Krispin und Krispinian.

V. Freut euch am Herrn und jauchzt,
ihr Gerechten,
R. jubelt alle, ihr Menschen mit redlichem Herzen.

Ps 32 (31), 11

Kollekte.

Wir bitten dich, o Herr:
die brüderliche Krone deiner Martyrer Krispin und Krispinian erfreue uns, sie gewähre unserem Glauben Antriebe zu den Tugenden und tröste uns mit vielfältiger Fürsprache.

Zur Mitte finden

Das Ende des Weges durch den Dom ist wie ein zu Ende gehender Tag.

Alle Aktivitäten werden beendet; so auch das „Gespräch" mit dem „Kunstwerk des Glaubens", zu dem am Anfang des Buches eingeladen wurde.

Die verschiedenen Zeiten des Tages und im Jahreslauf, die Feier der Liturgie an Festen oder an Werktagen, das stille Verweilen im Gebet oder der besinnliche Weg durch Dom und Kreuzgang: All das läßt den Dom immer wieder anders zu uns „sprechen".

Jetzt wäre die Zeit der Sammlung eine Chance, nach innen zu lauschen, sich selbst wahrzunehmen in diesem zu Stein und Bild gewordenen Raum des Glaubens: Zur Mitte finden, nicht nur im Dom mit seinem Altar, sondern auch in sich selbst entdecken, was das eigene Leben „zusammenhält".

Heiteres Licht vom herrlichen Glanze

Beim Verlassen des Domes durch das Westportal geht unser Weg in Richtung der untergehenden Sonne. Im Abendlob der Kirche wird auch diese Tageszeit mit ihrer Lichtsymbolik auf Jesus Christus bezogen. Ein Lied aus dem Schatz altkirchlicher Hymnen preist ihn als das „heitere Licht".

Dieser Hymnus aus dem kostbaren Erbe altkirchlicher Lieder wird dem Märtyrer Athenogenes († um 169) zugeschrieben. Der Text ist ursprünglich in griechischer Sprache verfaßt, der „Muttersprache" des antiken Mittelmeerraumes bis zur Mitte des 3. Jahrhunderts. Basilius der Große († 379) erwähnt den Hymnus als altbekannt.

Bis heute sind uns aus der Liturgie der Kyrie-Ruf und die Anrufungen bei der Kreuzverehrung am Karfreitag in griechischer Sprache vertraut. Deshalb wird der Hymnus auch in dieser frühkirchlichen „Muttersprache" vorgestellt.

Blick auf die Rückseite des Triumphkreuzes mit Westrose

Heiteres Licht

Heiteres Licht vom herrlichen Glanze
deines unsterblichen, heiligen, sel'gen
himmlischen Vaters: Jesus Christus.
Dich verherrlichen alle Geschöpfe.

Siehe, wir kommen beim Sinken der Sonne
grüßen das freundliche Licht des Abends,
singen in Hymnen Gott dem Vater,
singen dem Sohn und dem heiligen Geist.

Würdig bist du, daß wir dich feiern
zu allen Zeiten mit heiligen Liedern,
Christus, Sohn Gottes, Bringer des Lebens:
dich lobpreise die ganze Erde.

Φῶς ἱλαρὸν ἁγίας δόξης * ἀθανάτου Πατρός, * οὐρανίου, ἁγίου, μάκαρος, * Ἰησοῦ Χριστέ, * ἐλθόντες ἐπὶ τὴν ἡλίου δύσιν, * ἰδόντες φῶς ἑσπερινόν, * ὑμνοῦμεν Πατέρα, Υἱόν,* καὶ Ἅγιον Πνεῦμα, Θεόν. * Ἄξιόν σε ἐν πᾶσι καιροῖς * ὑμνεῖσθαι φωναῖς αἰσίαις, * Υἱὲ Θεοῦ, ζωὴν ὁ διδούς· * διὸ ὁ κόσμος σὲ δοξάζει.

Baugeschichte des Domes

Um 780	Gründung des Bistums und des ersten Domes durch Karl den Großen Petruspatrozinium
nach 784 - 804	Wiho, erster Bischof von Osnabrück
11. Jahrhundert	Bau einer dritten Domkirche. Von diesem Bau stammen u. a. der untere Teil der Westfassade und die Taufkapelle sowie die Vierungspfeiler
1100	Brand des Domes Überführung der Reliquien von Krispin und Krispinian nach Bad Iburg
1101 - 1110	Wiederaufbau des Domes
1106	Rückführung der Reliquien
1137 - 1141	Weitere Bautätigkeit am Dom: Wiederherstellung und Ergänzung der Türme; Anlage eines gewölbten Westchores anstelle des Westwerks
13. Jahrhundert	Erste Hälfte vollkommener Neubau des Langhauses mit Einwölbung auch des Querhauses; Anbau der vierjochigen Sakristei
1217 - 1230	Stiftung der bronzenen Tauffünte; Aufhängung des monumentalen Triumphkreuzes
1254	Brand des Domes; Neubau des Chores
1272	Fertigstellung des Domes
1277	Weihe des Hochaltars
1305 - 1350	Bauarbeiten am Dom: Veränderung der Westfront; Einbau der Fensterrose
1434 - 1444	Errichtung des Chorumganges mit einer einjochigen Kapelle an der Ostseite: Marienkapelle
1453	Einbau der gotischen Fenster in den Giebeln des Querhauses
1483	Bau eines kleinen Kapellenraumes: Kreuzkapelle
1509 - 1544	Abbruch des romanischen Westturmes und Errichtung eines größeren gotischen Turmes
1525 - 1531	Einbau eines spätgotischen Westportals
1748 - 1752	Einführung des Barock
1823	Instandsetzung des Nord-West-Turmes, vor allem seiner Südfront und Renovierung des Westportals
1890 - 1914	Erneuerung des gesamten Inventars und Ausmalung des Domes
1944	Zerstörung des Domdaches und der Anbauten vorwiegend durch Brandbomben
1954	Statische Sicherung des Süd-West-Turmes und Einbau des neuen Geläutes
1962 - 1963	Einbau der neuen Domorgel; Restaurierung des Triumphkreuzes
1969 - 1970	Liturgische Umgestaltung des Chorbezirks; Weihe des neuen Hauptaltares; Einbau des Maßwerkes im gotischen Querschiffsüdfenster
1974 - 1984	Fortlaufende Instandsetzung der Außenmauern; statische Sicherung der Westtürme und des Vierungsturmes; Neutünchung des Chores; Erneuerung der gesamten Kupferbedachung
1983 - 1988	Kreuzwegstationen von Prof. Elmar Hillebrand/Köln an den Seitenschiffseiten der Langhauspfeiler
1992 - 1993	Fundamentsanierungen an der Nord- und Westseite des Domes im Zuge der Platzgestaltungsmaßnahmen Große Domsfreiheit/Domhof; archäologische Notgrabungen an der Nord- und Westseite des Domes

Textnachweis

Begegnung mit der Geschichte

Text: Stephan Lütke Glanemann

Blickpunkte und Standorte

Text: Freude und Hoffnung ...": „Die Kirche in der Welt von heute" Konstitution des II. Vatikanischen Konzils (1962-1965), Nr. 1

Wege und Gänge

Text: Herr Jesus Christus, entnommen einem Gebetszettel des Verlags Ver Sacrum, Rottenburg

Predigt von Domdechant Dr. Heinrich Heitmeyer am 24.03.1989 im Dom zu Osnabrück

Hymnus: Du Abglanz von des Vaters Pracht, aus: Adolf Adam, Te Deum laudamus, Freiburg 1987, Seite 21f, Str. 1,2 und 8

Antiphon: O Oriens, aus: Adolf Adam, Te Deum laudamus, Freiburg 1987, Seite 88f

Türen und Portale

Romano Guardini, Von heiligen Zeichen. Verlag Deutsches Quickbornhaus Burg Rothenfels am Main 1924, 1. Heft, Seite 32, Pforte

Hymnus: Jordan, sing! aus: Stundenbuch. Für die katholischen Bistümer des deutschen Sprachgebietes. Erster Band: Advent und Weihnachtszeit, Freiburg 1978, Seite 327f

Romano Guardini, Von heiligen Zeichen, a.a.O. Seite 22f, Wasser

Text: Das Licht, das ich schaue.., aus: Adelgundis Führkötter, Hildegard von Bingen, Salzburg 1972, Seite 13

Altar und Kreuz

Gebet zur Weihe des Altares, aus: Pontificale, Band IV: Die Weihe der Kirche und des Altares. Die Weihe der Öle. Handausgabe. Freiburg 1994, Seite 156f

Alfred Delp, Im Angesicht des Todes, Frankfurt 1965[9], Seite 87f

Text über Reinerus von Osnabrück. Chronik im Archiv des Diözesan-Museums Osnabrück

Klänge und Gesänge

Glocken-Weihegebet, aus: Benediktionale, Freiburg 1978, Seite 164

Kehrvers vom Hymnus: Gruß dir, du festlicher Tag, aus: Gotteslob, Katholisches Gesang- und Gebetbuch mit dem Eigenteil der Diözese Osnabrück, Osnabrück 1975, Nr. 810

Choralnoten aus: Processionale in Usum Cathedralis Ecclesiae Osnabrugensis 1581, aus der Diözesanbibliothek Osnabrück

Zeugen des Glaubens

Hymnus: AVE, maris stella, aus: Adolf Adam, a.a.O. Seite 162f. Str. 1 und 2

Text: Wie tränenschwer..., aus: Jahresbericht des Diözesan-Museums Osnabrück 1930/31, ohne Seitenangabe

Text: Des Petrus Blick ... Gedanken zur Petrusfigur. 1200jähriges Jubiläum des Bistums Osnabrück im Jahr 1980. Bischöfliches Generalvikariat Osnabrück

Text: „Gott ist größer...", Bischof Dr. Franz-Josef Bode in seiner ersten Predigt als Bischof von Osnabrück am 26.11.1995

Deutung des Wappens im Blick auf die Seelsorge: Bischof Dr. Franz-Josef Bode in seiner ersten Predigt als Bischof von Osnabrück am 26.11.1995

Text: Du sollst Hirte sein ...,
Bischof Dr. Franz-Josef Bode in seiner ersten Predigt als Bischof von Osnabrück am 26.11.1995

Weggemeinschaft

In Gottes Namen fahren wir... Dieses Lied ist das älteste Pilgerlied. Tristan und Isolde singen den Gebetsruf beim Ablegen ihres Schiffes von Cornwall. Die früheste Quelle für das Lied ist ein Münchener Codex des 15. Jahrhunderts. Text und Melodie sind erstmals in Johann Leisentrits Gesangbuch, Bautzen 1567, abgedruckt.
Faksimile-Druck aus: J Leisentrit, Gesangbuch von 1567, Nachdruck Kassel 1966, Seite LIX

Tagesgebet am Fest der Heiligen Krispin und Krispinian. Diözesan-Archiv Osnabrück, Handschrift Ma 04, fol 1-156, fol 77 r, 15. Jahrhundert

Hymnus: Heiteres Licht..., aus: Adolf Adam, Höre mein Gebet, Freiburg 1992, Seite 85

Griechischer Text aus: Ordnungen der Vesper und des Morgenlobs, Rom 1950, S. 15

Autorin

Margarete Niggemeyer, Dr. theol.,
geb. 1932,
bis 1972 im Schuldienst,
bis 1994 Professorin für Religionspädagogik
an der Katholischen Fachhochschule Norddeutschland, Osnabrück-Vechta

Autoren

Stephan Lütke Glanemann,
geb. 1957,
Dissertation über das Thema:
Die Bau- und Restaurierungsgeschichte des
Osnabrücker Domes seit 1748

Christian Grovermann, Fotograf,
geb. 1943,
seit 1983 Inhaber von Foto Strenger,
Osnabrück